『묵자』 읽기

세창명저산책_018

『묵자』 읽기

초판 1쇄 발행 2014년 1월 20일
초판 2쇄 발행 2014년 12월 5일
-
지은이 박문현
펴낸이 이방원
기획위원 원당희
편집 조환열·김명희·안효희·강윤경
디자인 손경화·박선옥
마케팅 최성수
-
펴낸곳 세창미디어
출판신고 2013년 1월 4일 제312-2013-000002호
주소 120-050 서울시 서대문구 경기대로 88 냉천빌딩 4층
전화 02-723-8660
팩스 02-720-4579
이메일 sc1992@empal.com
홈페이지 http://www.sechangpub.co.kr/
-
ISBN 978-89-5586-196-9 03150

ⓒ 박문현, 2014

이 도서의 국립중앙도서관 출판시도서목록CIP은 서지정보유통지원시스템 홈페이지http://seoji.nl.go.kr와
국가자료공동목록시스템http://www.nl.go.kr/kolisnet에서 이용하실 수 있습니다.
CIP제어번호: CIP2014000704

세창명저산책_018

『묵자』 읽기

박문현 지음

세창미디어

머리말

춘추말기와 전국시대는 중국 역사상 경제·정치제도의 대변혁시기였다. 각 제후국의 경쟁과 전쟁 및 사士 계층의 출현으로 제자諸子들이 일어나고 백가가 겨루는 상황에서 각 계층의 이익을 대표하는 학파가 생겨났다. 유묵儒墨이 그중에서도 가장 앞서가는 양대 학파였다. 유가는 상층사회의 문화를 대표하고, 묵가는 하층의 평민문화를 대표했다. 두 학파의 개조인 묵자와 공자는 모두 성인이다. 공자는 봉건통치계급의 성인이고 묵자는 평민으로서의 성인이다. 마오쩌둥은 공자와 묵자를 평하여 "묵자는 공자보다 더 훌륭한 성인이었음이 틀림없다"고 했다.

『묵자』는 묵자의 사상과 묵가학파의 사상을 모은 책이다. 한비자가 유학과 묵학을 당시에 가장 뛰어난 학문으로 꼽았으며 묵자의 사상을 극렬하게 비판한 맹자도 양주와 묵적의 사상이 온 세상에 가득 차 있다고 말한 것을 보면 묵자의 사상이 당시에 대단한 위세를 떨친 것으로 보인다.

묵자는 배고픈 사람이 먹지 못하고 추운 사람이 입지 못하며 힘든 사람이 쉬지 못하는 것이 '세 가지 걱정三患'이라 하고 이것을 해결하기 위해서 '힘써야 할 세 가지三務'로 국가가 부강해야 하며 인구가 많아야 하고 정치가 안정되어야 함을 강조한다. '3환'의 근원은 불평등과 차별의식에 있다. 그래서 묵자는 "세상 사람들이 모두 더불어 사랑한다면 힘이 센 나라는 힘이 약한 나라가 가진 것을 빼앗지 않을 것이며, 다수의 무리는 소수가 가진 것을 강압적으로 빼앗지 않을 것이다. 또 부자가 가난한 사람들을 업신여기지 않으며, 귀한 사람들은 천한 사람들에게 오만하게 굴지 않고, 간사한 사람들은 순박한 사람들을 속이지 않게 될 것이다. 세상의 재앙과 찬탈과 억울함이 생기지 않게 하려면 서로 사랑해야 한다"고 말한다. 겸애는 사회운동으로부터 일어나야 한다고 생각한 묵자는 "힘이 있는 사람은 망설이지 말고 남을 돕고, 재물이 있는 사람은 아낌없이 남에게 나누어 주며, 지식이 있는 사람은 남에게 그것을 권하고 가르쳐줘야 한다"고 주장하면서 그 자신 머리끝에서 발끝까지 온 몸이 닳도록 겸애를 실천했다. 이와 같이 묵자를 우두머리로 하는 묵가는 서민의 편에 서서 유가와 지배계급에 대항하면서 더불어 살아가는 새로운 세상을 열고자 정의·사랑·평화를 슬로건으로 내걸고 고군분투했던 극히 진보적인 집단이었다. 그러나 그 사상의 특이함과 학파의 집단의식으로 인해 2천년이 넘도록 자취를 감췄다가 청대 말에 부활하여 현재 중국의 근대화에 기본정신으로 작용하고 있다.

『묵자』는 종교·윤리·정치·경제·사회·교육·논리·과학기술·군사 등의 사상을 모두 담고 있어 실로 제자백가가 언급한 주요 문제들을 융섭하고 있다고 말할 수 있다. 『묵자』의 책은 원래 서민들도 이해할 수 있도록 중국 고대의 어떤 고전에 비해서도 논리적이면서도 평이한 문장으로 설득력 있게 구성되어 있으나 고금의 언어가 다르고 너무나 착간이 많아 아직도 해명되지 않은 부분이 많다.

중국에서는 개혁 개방의 물결과 함께 실용주의 정신을 담고 있는 묵학에 대한 관심이 높아지고 있다. 중국묵자학회가 결성되어 1992년에 제1회 묵학국제학술대회가 묵자 탄생지인 산둥성 등저우시滕州市에서 열렸으며, 2004년 베이징

인민대회당에서 거행된 제6회 묵학국제학술대회에서는 묵학연구의 성과를 100권의 책으로 집대성한 '묵자대전墨子大典'이 선보였다. 필자는 우리나라에서는 아직 묵학의 연구가 극히 미미하던 때인 1984년에 '묵자의 종교사상'을 발표한 이후 지금까지 국내외에 꾸준히 묵학관계 논문을 발표해왔다. 이 책에서는 필자가 발표한 논문을 바탕으로 묵학의 주요 사상을 일반인도 읽기 쉽도록 풀어서 정리했다.

지금 우리나라는 안팎으로 위기에 처해 있다. 북한과의 위험한 대치, 그리고 중국과 일본의 패권다툼에 우리의 운명을 걱정하지 않을 수 없는 상황이다. 안으로는 이념과 세대와 지역과 빈부의 갈등으로 증오와 투쟁만이 중국발 스모그처럼 온 나라를 뒤덮고 있어 화합의 길을 찾지 못하고 있다. 더불어 사랑하고 함께 이익을 나누는 겸애사회를 추구하는 묵학에서 오늘의 위기를 극복하는 지혜를 얻을 수도 있을 것으로 믿는다.

2013년 마지막날
낙동강가 물금勿禁에서
박문현朴文鉉

제1장
『묵자』와 묵적

1. 『묵자墨子』

『묵자』라는 한 권의 책은 묵자墨子를 비롯한 묵자墨者들이 불을 이어 붙이듯 가공하고 정리하여 창작한 것이다. 시간을 넘어 전국 초기부터 전국 말기까지 즉, B.C. 5세기에서 B.C. 3세기까지 약 2백 년에 걸쳐 이루어진 것이다. 이것은 결코 묵자 한 사람의 손에 의해 완성된 것도 아니고 일시에 이루어진 것도 아니다. 『묵자』라는 책이 오늘날까지 전해 내려오게 된 데는 동진東晋 때의 도교 이론가인 갈홍葛洪의 힘이 크다. 그는 그의 저서인 『신선전』에서 묵자를 도교의 신선으로 기록하고 있다. 이로 인해 후세에 『묵자』는 『도장道藏』에 편입되어 온갖 전란을 겪고도 다행히 53편이 남아 있게 된 것이다.

청대에 들어와 사회의 발전과 자유로운 학술활동에 힘입어 거의 2천 년간 잠자고 있던 묵학이 점차 부흥의 길로 들어서기 시작했다. 이때 묵학 부흥의 견인차 역할을 한 연구자로는 왕중汪中, 1745~1794을 들 수 있다. 그는 『묵자』 53편을 교주校注했으며 묵자에 관한 자료를 섭렵하여 『묵자표미墨子表微』를 지었다. 왕중과 동시에 또는 이후 청 중엽에서 청 말엽에 이르기까지 훈고학, 제자학諸子學의 흥성에 따라서 묵학연구는 점차 활기를 띠기 시작했다. 특히 손이양孫詒讓, 1848~1908은 청대 『묵자』 주석의 집대성자라 할 수 있다. 그가 30여 년간 공을 들여 완성한 『묵자한고墨子閒詁』는 『묵자』 전 내용을 일반인도 알아볼 수 있을 정도로 잘 정리한 것이다.

『묵자』의 내용은 정치·경제·윤리·철학·군사에서부터 자연과학·논리학 등을 포함한 종합적인 학술 사상을 체계화한 것으로 주 저자라 할 수 있는 묵자의 사상을 대부분 반영하고 있다. 『묵자』의 텍스트는 중국에서 가장 오래된 도서 목록인 『한서漢書』 「예문지」에 '묵자 71편'으로 기록되어 있으나 지금은 53편만 전한다. 현재 남아 있는 53편의 구성을 여섯 그룹으로 구분해 보면 다음과 같다.

첫째 그룹: 「친사親士」, 「수신修身」, 「소염所染」, 「법의法儀」, 「칠환七患」, 「사과辭過」, 「삼변三辯」 7편은 묵가의 잡론집이다. 묵가 사상으로서의 특색은 없고 유가를 비롯한 다른 사상이 섞여 들어간 흔적이 보인다. 따라서 이 그룹은 묵가의 가장 원초적인 사상을 전한 것으로 보기도 하고 후세의 보유補遺 또는 묵가의 여론餘論으로 보기도 한다. 첫 3편은 편명의 주제에 관해서 논한 것이고, 「법의」, 「칠환」, 「사과」 3편은 묵자의 제자들의 저작으로 보이며, 「삼변」은 「비악非樂」 상편의 증보로 생각된다.

둘째 그룹: 「상현尚賢」 상·중·하, 「상동尚同」 상·중·하, 「겸애兼愛」 상·중·하, 「비공非攻」 상·중·하, 「절용節用」 상·중, 「절장節葬」 하, 「천지天志」 상·중·하, 「명귀明鬼」 하, 「비악非樂」 상, 「비명非命」 상·중·하 23편은 묵가의 '10대 주장'을 설명한 『묵자』의 중심 부분으로 묵가 사상을 알 수 있는 가장 중요한 내용이 들어 있다. 제목마다 각 3편씩으로 되

어 있으나 그 내용은 대동소이하다. 이것은 묵가가 성립된 시기의 차이 때문인 것으로 보기도 하고, 묵자 사후 묵가가 3파로 분열되었는데 각 파의 주장을 모은 것으로 보기도 한다.

셋째 그룹: 「비유非儒」 한 편만 여기에 들어가는데 이것은 유가에 대한 각종 비판을 모아 놓은 것이다. 묵자와 유자와의 일정한 절도를 유지한 논쟁에 비교한다면 여기서는 공자에 대한 인신공격 등 유가에 대한 적대적인 감정이 격렬하게 드러난다. 액면 그대로 받아들이기는 어렵지만 드러나지 않은 유가의 일면을 볼 수 있어 흥미롭다.

넷째 그룹: 「경經」 상·하, 「경설經說」 상·하, 「대취大取」, 「소취小取」의 6편은 「묵경墨經」 혹은 「묵변墨辯」이라 부르기도 한다. 「경설」은 「경」에 대한 해설이다. 「경」과 「경설」 4편은 협의의 「묵경」이고 광의의 「묵경」은 「대취」와 「소취」 두 편을 더한 것이다. 「묵경」은 작은 백과사전이라 할 만하다. 왜냐하면 글자의 수는 적고 간단하지만 중국 고대의 여러 분야의 학문이 농축되어 있기 때문이다. 여기에는 논리·윤리·정치·경제뿐만 아니라 기하학幾何學·광학光學·역학力學

등에 관한 것도 언급되어 있다. 명가名家의 저작들이 거의 없어졌기에 고대 논리학의 내용을 지금까지 전하고 있는 귀중한 자료이기도 하다. 그러나 그 해석은 현재까지도 명확하게 되지 않는 부분이 많아 연구를 필요로 한다. 「묵경」은 묵자의 학설이 아니라는 주장도 있는데 대체로 묵자의 후학, 즉 후기묵가에 의해 작성된 것으로 보인다.

다섯째 그룹: 「경주耕柱」, 「귀의貴義」, 「공맹公孟」, 「노문魯問」, 「공수公輸」이 5편은 묵자의 후학들이 묵자의 언행을 모아 기록한 것으로 체제는 『논어』와 비슷하다. 마지막에 있는 「공수」편은 앞의 네 편과는 체제를 달리해 묵자의 겸애와 비공의 이론을 실천적으로 보여주는 하나의 이야기로 되어 있다. 이것은 성을 지키기 위한 전쟁에 관한 내용이기에 다음 그룹의 수성법守城法을 말하는 여러 편들과의 다리의 성격을 띠고 있다.

여섯째 그룹: 「비성문備城門」, 「비고림備高臨」, 「비제備梯」, 「비수備水」, 「비돌備突」, 「비혈備穴」, 「비아부備蛾傅」, 「영적사迎敵祠」, 「기치旗幟」, 「호령號令」, 「잡수雜守」11편은 성을 지키고 적을 막는 방어전술과 방어용 병기 제작법 등을 기록한 묵가의

병서라 할 수 있다. 이 그룹은 묵가가 '비공'을 실천하는 과정에서 고안하고 축적한 수성법의 기록이다. 다만 유실된 부분이 많아 의사 전달이 잘되지 않으며 현재의 해석에 난해한 것들이 많이 있다. 1972년 산둥성 린이臨沂현의 전한시대 묘에서 죽간에 쓰인 대량의 병서가 출토된 바 있다. 이 중에는 『묵자』의 이 부분과 일치하는 것이 여러 장 포함되어 있어 이들 자료가 한대 이전에 존재했다는 사실이 다시 확인되었다.

2. 묵적墨翟

『묵자』의 주 저자인 묵자墨子는 성이 묵墨이고 이름은 적翟이다. 그의 생애에 대해서는 역사적 기록이 많지 않아 자세한 것을 알기는 어렵다. 사마천은 공자에 대해서는 『공자세가』를 써서 그의 출생 등을 구체적으로 기록하였다. 그러나 묵자에 대해서는 단지 『사기』 「맹자순경열전」 말미에 24자로 소개하고 있을 뿐이다. "대개 묵적은 송나라 대부로서 성을 방위하는 기술에 뛰어났고 소비절약을 주장하였다. 어떤 사람은 공자와 같은 시대 사람이라 하기도 하고 어떤 사람은 공자보다 뒤에 살았던 사람이라 하기도 한다蓋墨翟, 宋之大夫, 善守禦, 爲節用. 或曰並孔子時, 或曰在其後"는 것이다. 여기서 보면 묵자의 생졸연대의 오차는 수십 년에서 1세기가량 된다. 중국의 역사학자 첸무錢穆는 묵자가 B.C. 479년경에 태어나서 B.C. 381년경에 세상을 떠난 것으로 보았고, 2007년 작고하기 전까지 중국묵자학회를 이끌어 온 런지유任繼愈는 묵자의 생졸연대를 B.C. 480~B.C. 420으로 보았다. 『묵자』를 비롯한 여러 자료를 종합적으로 생각해 보면 묵자가 묵가를 창시해 활동한 시기는 B.C. 450년경부터 B.C. 390년경까지로 보인다. 공자가 죽은 것은 B.C. 479년, 맹자가 태어난 것은 B.C. 372년이라고 하므로 묵자는 공자와 맹자 사이에 활약한 사상가임은 틀림없다.

묵자가 태어난 나라도 여러 가지 설이 있지만, 최근 유력해진 것은 노나라의 등滕이라는 곳으로 지금의 산둥성 텅저우시滕州市 근교에 해당한다. 등은 공자의 출생지인 추陬와 맹자의 출생지인 추鄒에도 가까운 곳이므로 묵자와 그 제자들의 집단이 유가의 집단과 서로 논쟁하고 교류하는 것을 『묵자』나 『맹자』에서 볼 수 있다. 묵자가 나고 자란 추로鄒魯 지방은 사수泗水의 양안兩岸이라 물산이 풍부하고 수륙교통이 편리하여 예부터 경제 문화가 발달한 곳이다. 그곳 사람들은 학술을 즐기고 기예를 좋아하였다. 이러한 환경과 풍속의 영향으로 묵자는 과학기술의 지식이 뛰어났을 뿐만 아니라 유학을 공부하고 역사 문헌을 읽어 학식이 풍부했다. 후에 그는 직접 수공업의 일에서 벗어나 일반 서민들보다는 높은 계층인 사士의 반열에 들어갔다. 그가 스스로 "나는 위로는 임금을 받들어야 할 일도 없고 아래로는 밭 갈고 농사 짓는 어려움도 없다"「묵자」, 귀의고 말한 것을 봐서도 벼슬을 하지는 않았지만 농부도 아닌 중간 계층임을 알 수 있다.

묵자의 출신 계층에 대해서는 묵墨이라는 성과 관련해 전과자라는 설과 그의 군사 사상과 관련해 무사라는 설 및 기술자 집단을 이끄는 공장工匠이라는 설 등이 있으나 모두 분명한 근거가 없는 주장이다. 묵자는 무학, 문맹의 농부와는 달리 고전에 대한 교양이 풍부한 지식인이었다. 그는 공자의 사상을 공부했으나 점차 유가의 학설에 불만을 가지게 되어 자기의 학설을 체계화하는 한편 엄밀한 학파로서의 묵가를 창립했다. 묵가는 공개적으로 유가의 학설을 비판함으로써 유학의 반대파가 되었다. 묵자는 교육에 종사하면서 유세활동을 계속했다. 그의 문도들은 대부분 수공업자였는데 교육의 내용은 사회정치사상과 철학사상 및 도덕관념, 그리고 과학이론과 기술방법 등이었다. 묵자가 살아 있을 때는 제후들이 서로 다투어 천하가 요동치던 불안한 시대였다. 따라서 묵자는 분쟁을 제지하고 평화를 유지하는 것을 자기의 주요 임무로 삼았다. 그는 한 곳에 오래 머물지 않고 사방으로 바쁘게 다니면서 자기의 학설을 적극적으로 선전했다. 그러므로 "묵자가 사는 집의 굴뚝은 검어질 여가가 없었다墨突不得黔"「문선文選」, 답빈희答賓戱는 말이 전해오는 것이다.

유가의 인물들과 마찬가지로 묵자도 요·순·우·탕·문·무 등의 성왕을 숭상했으며 특히 하나라의 우禹왕을 존숭하여 그의 실천정신과 희생정신을 따르려 노력했다. 장자가 "살아서는 죽도록 일만 하고 죽어서도 간소한 장례로 박대를 받게 되니 그들의 도는 너무나 각박했다"「장자」, 천하고 말하듯이 묵자는 검소하게 살면서도 헌신적으로 자기의 주장과 이상을 실천하기 위해 노력했다. 그는 하층 노동자들의 생존을 위하고 그들의 빈곤과 억압의 고통을 해결하거나 줄이기 위해 심혈을 기울였다. 맹자가 묵자를 금수禽獸와 같은 존재라고 욕하면서도 "머리끝에서 발뒤꿈치까지 온몸이 다 닳도록 천하를 이롭게 하기 위해 노력했다"「맹자」, 진심상고 칭찬하는 걸 보더라도 묵자의 천하를 위한 희생정신이 어떠했는가를 짐작할 수 있다.

묵자는 사상가이면서도 논리학자이고 군사 전문가였다. 『묵자』의 한 부분인 「묵경」이 작성된 것은 후기 묵가에 의해서지만 이 안에 들어 있는 기본 사상은 묵자에게서 온 것이다. 그리고 성을 수비하기 위한 '성수城守'의 여러 편에서는 묵자의 탁월한 군사적 식견이 표현되어 있다. 묵자는 또 뛰어난 과학 기술자로 군사 무기를 발명하기도 하고 기하학·광학·역학力學 등에 관한 창의적인 이론을 내놓았다. 중국 과학사의 권위자인 영국의 조셉 니덤이 『묵자』를 읽고서 감동하여 중국과학사를 연구하게 되었다는 일화는 유명하다.

묵자의 제자는 300명이라고 『묵자』에 나와 있으나 이것이 전부가 아닌 것으로 보인다. 그의 제자 중에는 각국에 나가 관리가 되거나 유세를 하고 다닌 사람들도 많았기 때문이다. 『여씨춘추』에 "공자와 묵자의 제자들이 천하에 가득 차 있어 그 수를 셀 수 없을 정도이다"유도有度고 한 것을 보면 그의 학술적인 영향이 대단했음을 알 수 있다. 한때 유가와 함께 이대 학파로 가장 활발한 학술 활동을 전개한 묵가는 진한秦漢대에 들어와 200여 년의 번영을 마감하고 중국 사상사에서 자취를 감추게 된다. 그 후 2천 년이 지난 청대에 다시 등장하게 되지만 묵가의 쇠미의 원인에 대해서는 아직까지도 학설이 분분하다.

묵가와 유가를 비교해 보면 그 조직제도나 구성원에 있어서 큰 차이를 보인다. 유가가 엄격한 조직제도를 갖지 않고 제자들도 대부분 예악, 문교에 종사하고 있는 것에 비해, 묵가의 조직제도는 엄격하고 대단한 결속력을 가지고 있었다. 그 조직에는 거자鉅子라는 리더를 두었는데 묵자가 그 초대 거자로 묵자墨者들은 그를 성인처럼 받들면서 그의 지휘에 따라 일체의 행동을 감행했다. 묵자의 제자들은 대부분 용사들로 구성되어 있었는데 이들은 보통 무사들과 달리 억강부약抑强扶弱의 필요가 있을 때 고도의 전투력을 갖춘 의용군이 되어 약소국을 도와 싸웠던 것이다. 묵자의 인격에 끌

리어 그의 제자가 되고 그들에 의해 조직된 묵문집단墨門集團
의 성격은 『묵자』에 뚜렷이 드러나 있지는 않으나, 강학講學
을 중시하면서도 기율이 엄격하여 종교성을 띤 국제적 평화
유지단체로 생각된다.

제2장
『묵자』의 종교사상

묵자의 종교사상은 '천지天志'와 '명귀明鬼'의 이론에 기초를 두고 구성되어 있다. 묵자 자신은 평민이었기에 그의 사상은 평민의 성격을 드러내고 있다. 평민의 의식은 한편으로는 순후하고 한편으로는 수구적이다. 춘추시대의 원시종교의 관념은 묵자 당시에는 이미 인문화되었다. 따라서 권위적이고 의지적인 하늘天은 지식인의 의식 속에서는 사라져 가고 있었으나 민중들의 마음속에는 여전히 남아 있었다. 그러므로 『묵자』의 천귀관天鬼觀은 당시 민중들의 종교심리의 한 반영으로 볼 수 있다.

1. 천지론天志論

하늘ᄎ은 중국철학사에서 여러 가지 뜻을 지니고 있다. 『묵자』의 하늘은 '주재천主宰天'에 해당되는 것으로 의욕과 감각과 감정을 가지고 행위하는 인격신이다. 『묵자』에 나타난 하늘의 본질과 특성을 보면 다음과 같다.

먼저 하늘은 우주의 창조자이다. 묵자는 "하늘은 해와 달과 별들이 두루 돌아 밝게 인도하고 네 계절인 춘하추동을 만들어 기후를 바로잡으며, 눈, 서리, 비, 이슬을 내려 오곡과 삼을 자라게 함으로써 백성들로 하여금 이익을 얻게 한다"『묵자』, 천지중고 했다. 하늘은 만물의 근원으로서 크게는 우주로부터 작게는 인간의 일에까지 모두가 하늘이 베푸는 바에 의한다. 그리고 하늘은 최고의 존재이다. 묵자는 "옛날 삼대三代의 우禹·탕湯·문文·무武 같은 성왕들은 하늘이 천자를 바로잡는 최고의 권위임을 온 세상 백성들에게 똑똑히 알리려 했다. 그래서 소·양을 치고, 개·돼지를 기르며, 깨끗이 제물을 차려 놓고 하늘과 귀신에게 제사 지내 복을 빌었던 것이다. 그러나 나는 아직 하늘이 천자에게 복을 빌었

다는 말은 듣지 못했다"「묵자」, 천지상고 말했다. 천자도 하늘보
다 낮은 존재였다.

또 하늘은 인류 만물의 주재자이다. 하늘이 하는 일은 넓
어서 편벽함이 없고 그 은혜는 두터우면서 그치는 일이 없
으며 세상에서 바치는 음식이란 누구의 것이든 다 기꺼이
흠향한다. 이와 같이 하늘은 더없이 높은 존재일 뿐만 아니
라 만물을 생육하고 고르게 은혜를 베풀며 사랑으로써 주재
하는 것임을 알 수 있다.

하늘은 이지적이기도 하다. 묵자는 청천백일하에 죄를 짓
고야 어디로든 피할래야 피할 곳이 없다는 속담을 인용하
면서, "심산유곡과 같이 사람이 없는 곳이라고 해서 하늘을
피할 수 있는 것은 아니다. 훤하게 만물을 보고 있다"「묵자」, 천
지상고 한다. 하늘은 이지적이라 만물을 훤히 인식할 수 있기
에 대상이 은밀히 숨어 있어도 금방 찾아낸다. 또 시대가 변
화해도 그 광명은 장구하여 쇠하는 일이 없다. 이른바 하늘
의 그물은 크고 커서 인간도 그의 감시와 장악 아래 피할 수
가 없다는 것이다. 묵자가 설정한 하늘은 또 의지를 가지고
있다. 의지가 있다는 것은 곧 의욕이 있다는 것이다. 『묵자』

의 편명으로 된 「천지天志」는 하늘의 뜻이고 하늘의 소망이다. 묵자의 하늘은 인격적인 하늘이므로 의식이 있고 감정이 있는 하늘이다. 따라서 하늘은 무엇을 원하기도 하고 무엇을 원하지 않기도 한다.

그러면 하늘이 바라는 것은 무엇인가? 하늘은 세상이 의롭기를 바란다. 묵자는 "하늘은 의롭기를 바라고 의롭지 못한 것을 싫어한다"「묵자」, 천지하고 말한다. 하늘은 사람들이 의義를 표준으로 삼아 행동하기를 바라고 불의의 행동을 바라지 않는다. 어떻게 하늘이 의를 바라고 불의를 싫어하는 것을 알 수 있는가? 그것은 천하에 의가 있으면 살고 의가 없으면 죽으며, 천하에 의가 있으면 부유해지고 의가 없으면 가난해지며, 의가 있으면 다스려지고 의가 없으면 혼란해지기 때문이다. 하늘은 만물의 생존을 바라고 죽음을 싫어하며, 인간의 부유함을 바라고 가난함을 싫어하며, 국가의 안녕을 바라고 혼란함을 싫어한다. 이것이 묵자가 하늘이 의를 바라고 불의를 싫어하는 것을 아는 이유이다.

묵자가 하늘은 사람들이 의롭게 되기를 바란다고 말하는 것은 그가 의를 중시하기 때문이다. 그래서 따로 「귀의貴義」

편을 두고서 "모든 일에 의로움보다 소중한 것은 없다"고 말한다. 의가 이렇게 소중하고 보배로운 것은 의는 올바름이요義者 正也 이로움이기 때문이다義, 利也. 묵자는 한 걸음 더 나아가서 의란 곧 정치를 잘하는 것이라고 말한다. 묵자는 의는 인류를 공정하게 이롭게 할 수 있는 것이기에 세상에서 가장 보배로운 것이라고 생각한다. 그러면 의는 어디서 나온 것인가? 의는 마땅히 귀하고 지혜로운 데서 나와야 하는데 하늘이 가장 귀하고 가장 지혜롭기에 의는 결과적으로 하늘로부터 나온다. 묵자는 하늘이 '의'의 본원이라고 생각한 것이다.

그리고 하늘은 사람들이 더불어 사랑하기를 바란다. 하늘은 인간 모두가 서로 사랑하고 서로 이익 되게 하기를 바라지 서로 미워하고 서로 해치는 것은 싫어한다. 구체적으로 하늘은 "대국의 위치에 있으면서 소국을 공격하는 것과, 큰 집안의 위치에 있으면서 작은 집안을 약탈하는 것과, 강한 자가 약한 자를 위협하는 것과, 교활한 자가 순박한 자를 속이는 것과, 귀한 자가 천한 자에게 오만하게 구는 것을 바라지 않는다"「묵자」, 천지중. 그런데 하늘의 이러한 뜻을 어떻게 알 수 있는가? "그것은 하늘이 인간을 차별 없이 사랑해 주며 똑같이 이익 되게 하는 것으로 미루어 알 수 있다." 그렇다면 하늘이 그와 같이 인간을 평등하게 사랑하고 이익 되게 한다는 것은 또 무엇으로 알 수 있는가? "그것은 하늘이 만물을 똑같이 지켜주고 똑같이 길러주는 것으로 알 수 있다" 「묵자」, 법의고 묵자는 말한다.

하늘의 의지는 사람들이 서로 도와 맡은 일을 열심히 할 것을 바란다. 이러한 하늘의 의지가 표출된 것이 '겸애', '비공', '상동'과 '절용' 같은 것들이다. 하늘의 의지는 더없이 높고 지혜롭기에 위로는 천자에서부터 아래로는 서민에 이르기까지 모두 하늘의 뜻을 따라야 한다. 묵자는 하늘의 뜻을 따라야 할 뿐만 아니라 하늘을 본받아야 한다法天고 말한다. 하늘은 전지전능한 큰 부모와 같은 존재요 큰 스승과 같은 존재이기에 본받지 않을 수 없다는 것이다. 공자도 스스로 요·순·우·탕·문·무·주공의 도통을 계승하여 하늘을 본받을 것을 가르쳤지만, 옛 성왕들의 도통을 실천하는 사람으로 자인한 묵자는 법천을 더욱 강조했다. 유가에 비해 법천에 대해 가르치는 방법이 훨씬 뛰어난 것이 묵자다. 예를 들면 그의 「법의法儀」·「상동尚同」 양편에서는 하늘이 인간의 도덕과 행위의 최고표준임을 명백히 나타내고 있으며 「천지」·「겸애」·「비공」 등에서도 하늘을 본받을 것을 거듭 강조하고 있다.

만약 하늘을 본받지 않고 하늘의 뜻을 어기면 하늘은 벌을 내린다. 하늘은 인류를 부유하게 하고 세상을 평화롭게 하기 위하여 여러 가지 덕능을 가지고 있는데 그중 대표적인 것이 '상선벌악'의 덕능이다. 묵자는 말하기를 "하늘은 인간을 사랑하고 인간에게 이익을 준 사람에게는 반드시 복으로 갚아주고, 인간을 미워하고 해롭게 한 사람에게는 반드시 재앙을 내려준다"「묵자」, 법의고 했다. 그는 또 성왕과 폭군의 예를 들어 하늘이 '상선벌악' 하였음을 다음과 같이 증명하고 있다.

"옛날 삼대의 성왕이었던 우·탕·문·무왕이 하늘의 뜻을 잘 따라서 상을 받았고, 삼대의 폭군인 걸桀·주紂·유幽·여왕厲王은 하늘의 뜻을 거역하여 벌을 받았다." 그렇다면 우·탕·문·무왕 같은 이들이 상을 받은 것은 무엇 때문인가? 묵자가 말하였다. "그들이 한 일은 위로는 하늘을 받들고 가운데로는 귀신을 섬기며 아래로는 사람들을 사랑하는 것이었다. 그러므로 하늘의 뜻은, '이들은 내가 사랑하려는 것은 모두 더불어 사랑해주고 내가 이롭게 해주려는 것은 모두 더불어 이롭게 해주었다. 이들은 사람들을 사랑함이 넓으며 사람들을 이롭게 함이 두텁다'고 여기셨다. 그러므로 그들로 하여금 귀하기로는 천자가 되게 하고 부로 말하면 천하를 갖도록 하여 자손 만대토록 그의 훌륭함을 전하며 칭송하고 널리 천하에 알려지도록 하여, 지금까지도 그들은 칭송되며 성왕이라고 불리고 있는 것이다." 그러면 걸·주·유·여왕이 벌을 받은 것은 무엇 때문인가? 묵자가 말하였다. "그들이 한 일은 위로 하늘을 욕보이고 가운데로는 귀신들을 무시하고 아래로는 사람들을 해치는 것이었다. 그러므로 하늘의 뜻은, '이들은 내가 사랑하는 것을 차별을 두어 미워하고 내가 이롭게 하려는 것은 모두 해쳤다. 이들은 사람을 미워함이 심하며 사람을 해침이 지나치다'고 여기셨다. 그러므로 그들로 하여금 그들의 수명을 다 누리지 못하고 그들의 세대를 잘 끝맺지 못하게 하여, 지금까지도 그들은 비난을 받으며 폭군이라 불리고 있는 것이다"「묵자」, 천지상.

이것으로 보아서도 '천지'에 순응하는 것과 '겸애'와 '비공'은 모두가 묵자의 종교적 기율이라 아니 할 수 없다. 묵자의 사상은 이와 같이 종교적 의의로 충만해 있다. 사실 묵자가 말하는 하늘의 뜻이란 묵자 자신의 뜻이 투사된 것이다. 묵자의 출신이 하층사회이기에 그가 제창하는 '겸애', '비공', '상동', '상현' 등의 주장은 모두 전쟁을 통해 빈곤의 고통을 겪고 있는 서민들의 소망이다. 이와 같이 하늘의 뜻이란 곧 서민들의 뜻이 반영된 것이다. 묵자가 힘써 하늘의 권위와 신통력을 내세우는 목적은 하늘의 권위로써 '상선벌악' 하고 나라를 부유롭게 하는 한편 세상의 모든 해악을 없애서 사회가 안정되고 백성들이 인간답게 살게 하기 위함이다.

2. 명귀론明鬼論

묵자는 하늘 외에 또 귀신이 존재하여 하늘을 보좌하여 '상선벌악' 한다고 한다. 그는 종교적 제재를 강화함으로써 사람들을 더불어 사랑하게 하려고 한 것이다. 묵자는 다신론자로서 하늘 혹은 상제上帝를 믿는 것 외에 귀신의 존재를 믿는다. 귀신과 하늘은 다 같이 일체를 감독하고 '상선벌악'한다. 그러면 귀신과 하늘의 관계는 어떠한가? 이에 대해 묵자는 명백한 설명을 하지 않았으나 귀신은 하늘에 비해 그 지위가 일급 낮다. 귀신이 내리는 상벌은 작은 일에 대해서는 스스로 행하고 큰일은 하늘의 지휘를 받아 행하는 것으로 보기도 한다.[1]

귀신에 대한 신앙은 중국 고래의 전통이었으나 춘추전국시대에는 사람들의 지혜가 점차 발달해 귀신의 존재에 대해 회의적인 태도를 가진 사람들이 많아졌다. 묵자는 사람들이 귀신을 믿지 않은 까닭에 천하가 어지러워진 것에 대해 다음과 같이 통탄하였다.

옛 하·은·주 삼대의 성왕이 간 뒤로는 세상에는 의義가 없어지고 제후들은 모두 폭력적인 정치를 하게 되었다. 그래서 남

---

1 薛保綸,『墨子的人生哲學』(臺北: 中華叢書編審委員會, 1976), p.46.

의 임금이나 윗사람이 된 이는 아랫사람에게 대하여 은혜로
운 마음이 없어지고 남의 신하나 아랫사람이 된 이 또한 그
윗사람에게 충성하는 마음이 없어졌으며, 부자와 형제 간에
도 각기 자애하는 마음과 효도하는 마음, 또 공경하고 우애하
는 마음을 전혀 볼 수 없게 되었다. … 이 때문에 세상은 크게
어지러워졌으니 그 원인은 어디에 있을까? 그것은 모두가 귀
신의 존재를 의심하여 귀신이 반드시 어진 이를 상 주고 난폭
한 이를 벌준다는 사실을 모르기 때문이다「묵자」, 명귀하.

이에 묵자는 귀신의 존재를 확신하고 그냥 믿기만 하는
것이 아니라 방법을 만들어 증명하고 귀신의 신앙을 더욱
합리적으로 설명하려 노력했다. 이러한 굳건한 이론적 기초
위에 그의 도덕성과 인생철학, 사회주장 및 경세사상 등의
학설이 세워진 것이다.

묵자는 나라를 바로잡고 천하의 이利를 얻기 위해 귀신의
존재를 밝힌다는 의미의 「명귀」편을 썼다. 그러면 어떤 방
법으로 귀신의 존재를 증명할 수 있는가? 묵자가 사용한 방
법은 그가 창안한 '삼표법三表法'이었다. 즉, 주나라 선왕이 두

백이라는 신하를 무고하게 죽이자 3년 후 두백이 나타나 선왕을 죽이는 것을 수많은 사람이 보았다는 것과, 옛 성왕들이 상을 주거나 벌을 줄 때는 반드시 귀신에게 제사 지내는 곳에서 행했다는 것, 그리고 귀신의 존재가 국가와 백성에게 이익이 된다는 것을 가지고 묵자는 귀신의 존재를 증명한다. 실증이 있고 근거가 있으며 이익이 되므로 귀신의 존재가 '삼표법'에 부합된다는 것이다. 묵자는 사람들이 모두 귀신의 존재를 믿고 귀신이 '상선벌악'함을 믿음으로써 모두가 착한 일을 행하고 나쁜 일을 행하지 않게 되어 천하가 태평하게 된다고 한다.

묵자는 귀신을 크게 천귀·산수귀·인귀의 셋으로 구별하고 있다. 귀신은 인간에 비해 높고, 하늘은 귀신에 비해 높다「묵자」, 천지중. 또 귀신의 지혜는 성인보다 뛰어나고, 당연히 천자보다도 뛰어난 존재이다. 그러므로 성인을 비롯한 인간은 그 지위가 귀신보다 아래에 있다.

그러면 귀신은 어떤 작용을 하는가? 귀신은 하늘과 인간의 가운데 있으므로 인간을 지배하고 주재하는 작용을 한다. 먼저 귀신은 사람의 하는 일을 모두 보고 있다.

귀신의 눈은 하도 밝아 사람이 깊은 못이나 숲 속 또는 계곡 등 아무도 보지 않는 그윽한 곳에 있다 하더라도 속일 수가 없다. 귀신은 어디서든지 사람의 하는 짓을 훤히 들여다보고 있기 때문이다「묵자」, 명귀하.

또 귀신이 성인보다도 지혜롭다는 것은 마치 총명한 눈과 귀를 가진 사람을 귀머거리나 장님과 비교하는 것과 같다. 귀신은 깊은 곳에 숨어 있는 것도 알아내고 수백 년 후의 일도 안다. 그 밝고 지혜로움이 인간이 추앙하는 성인을 능가하는 것이다. 그리고 귀신이 주는 벌은 아무리 부귀하고, 세력 좋고, 용맹하고, 강한 군대와 날카로운 무기가 있다 하더라도 피할 수 없다. 어떠한 강한 힘도 귀신에게 당할 수 없기 때문이다. 이것으로 보아 귀신은 전지전능함을 알 수 있다.

묵자는 귀신이 현명한 일을 하는 사람에게 상을 내리고 포학한 사람에게 벌주는 것에 대해 의심해서는 안 된다고 말한다.

죄 없는 사람을 죽이면 누구나 재앙을 받는다. 귀신이 주는 벌은 이다지도 빠르다. … 그것은 모두가 귀신의 존재를 의심하여 귀신이 반드시 어진 이를 상 주고 난폭한 이를 벌준다는 사실을 모르기 때문이다 「묵자」, 명귀하.

이러한 귀신의 작용은 명지明智에 의한 것으로 죄가 아무리 커도 벌주지 않음이 없고 공이 아무리 작아도 상 주지 않음이 없다. 귀신의 상벌은 엄정한 것이다. 그러나 귀신의 지위는 하늘보다 낮기에 하늘과 같은 능력으로 우주의 창조자가 된다거나 최고의 통치자가 될 수는 없다. 귀신이 전지전능하다는 것은 어디까지나 인간에 대해서 하는 말이지 하늘에 대한 것은 아니다. 귀신의 '상선벌악' 등의 작용도 하늘의 의지를 따라서 행하는 것이라 할 수 있다.

이와 같이 귀신이 엄연히 존재하여 세상을 훤히 살펴보고 있으므로 마땅히 귀신을 섬겨야 한다고 묵자는 주장한다. 이것은 귀신에 대한 신앙을 가르치는 것이다. 그런데 묵자가 절약을 강조하면서 귀신에게 제사를 지내도록 하는 것은 모순이 아닌가? 이에 대해 묵자는 제사는 낭비가 아니고 오히려 그의 실리주의에 들어맞는 것으로 다음과 같은 이익이 있다고 한다.

이제 단술과 젯밥을 깨끗이 차려 놓고 공경을 다하여 제사를 지낸다고 하자. 만일 귀신이 정말 있다면 아버지, 어머니 또는 형님과 누님의 영혼을 모셔다 놓고 음식을 권하는 것이니 이 얼마나 따뜻한 인정인가. 또 설령 귀신이 없다고 하더라도 단술과 젯밥 등 비용을 적지 않게 들인 것을 제사를 다 지냈다고 송두리째 도랑에 쏟아 버리는 것은 아니다. 안으로는 일가친척들이, 밖으로는 동리 사람들이 다 같이 한자리에 모여 그 음식을 나누어 먹을 수가 있다. 귀신이 없다고 하더라도 제사로 인하여 많은 사람들이 모여 함께 즐기고, 또 동리 사람들과 친목을 도모할 수 있는 좋은 기회가 되니 이 얼마나 보람 있는 일인가 「묵자」, 명귀하.

이와 같이 귀신이 있어서 제사를 지낸다면 그것으로 가치가 있는 것이고 만약 귀신이 없다고 해도 제사를 지내는 것이 그 의의가 없는 것은 아니다. 친척들이나 동리 사람들과 모여 음식을 나누어 먹으며 친목을 도모할 수 있으니 실리적이라 할 수 있다. 이러한 묵자의 귀신 섬김은 그의 '겸상애兼相愛, 교상리交相利'의 윤리적 목적에도 부합된다. 묵자가 간소한 장례를 주장하면서도 귀신이 존재한다고 말한 데 대해 후한 때의 사상가인 왕충王充은, 그것은 수미首尾가 상위하고 전후가 모순되는 것이라며 크게 비난했다「논형」, 박장. 그러나 묵자의 절장론과 그의 명귀론은 모순이 아니다. 그 이유는 귀신이 있으므로 신체는 죽어도 그 죽지 않는 영혼은 남아 있게 되는데 후장厚葬은 그것마저 죽이게 되기 때문이다. 이것은 불교나 기독교 및 이슬람교의 상례가 모두 간략한 것에서도 알 수 있다. 또 묵자가 절장을 주장했으므로 그가 받드는 귀신도 후장을 찬성할 리가 없다.

3. 비명론非命論

묵자는 당시에 유행하던 운명론을 비판했다. 묵자가 부정하는 '명命'이란 극히 소박한 숙명 관념으로 모든 것이 사전에 정해져 있어 변경이 불가능한 것을 말한다. 그런데 묵자가 이미 하늘을 믿고 귀신을 믿고 있음에도 불구하고 '비명'

을 통해 명정설命定說을 반대하는 것은 모순이 아닌가? 그러나 그렇지 않다. 이에 대해 후스胡適는 다음과 같이 말한다.

묵자는 하늘의 뜻은 사람들이 서로 사랑하기를 바라고 서로 해치는 것을 바라지 않는다고 생각했고, 또 귀신은 능히 착한 사람을 상 주고 난폭한 사람을 벌준다고 생각했다. 따라서 그는 하늘의 뜻을 따르고 귀신의 이익에 맞는 사람이면 복을 얻을 것이며, 그렇지 못하면 화를 입을 것이라고 말한다. 화복禍福은 오로지 자기 자신의 행동에 따르는 것이고 각 개인의 자유의사에 따라 초래되는 것일 뿐 결코 운명으로 정해진 것이 아니라고 주장하는 것이다. 만약 화복이 모두 운명으로 정해진다면 선행을 하지 않아도 복을 얻을 것이며 악행을 하지 않더라도 화를 입을 것이다. 그러므로 사람들이 모두 명정설을 믿는다면 아무도 노력하여 선을 행할 사람은 없을 것이다.[2]

---

2 후스(胡適), 송긍섭 외 옮김, 『中國古代哲學史』(대한교과서주식회사, 1983), p.187. 공자를 비롯한 유가가 자주 명에 대하여 언급한 것은 사실이나, 그 명의 뜻은 묵자가 공격한 숙명은 아니고 인간의 능력을 초월한 그 어떤 것을 가리킨다(평유란, 정인재 옮김, 『간명한 중국철학사』, 형설출판사, 2010, p.90).

묵자는 비록 천지天志가 있고 귀신이 있다 하더라도 사람들은 오히려 열심히 노력하여 복을 구할 것이지 팔짱 끼고 앉아서 하늘의 도움을 기다려서는 안 된다는 것이다. 개인의 화복은 자기의 행위에 따라 오는 것이지 명정적命定的이 아니다. 만약 일체가 명정적이라면 하늘과 귀신이 내리는 상벌과 같은 여러 가지 종교적 제재가 그 효력을 잃어버릴 것이며 좋은 일을 위해 노력하는 사람이 없을 것이다.

묵자는 힘써 노력할 것을 강조하며 "운명론자들이란 불인不仁한 무리이며 이는 천하의 의義를 뒤엎는 결과가 된다"고 했다. 그러면 묵자가 반대하는 운명론자들의 말을 들어보자.

부자가 될 운명이면 부자가 될 것이요, 가난하게 살 운명이면 가난하게 될 것이며, 인구가 많이 늘어날 운명이면 많아질 것이요, 줄어들 운명이면 적어질 것이다. 또 나라가 잘 다스려질 운명이면 다스려질 것이요, 그렇지 않은 운명이면 어지러워질 것이며, 오래 살 운명이면 오래 살 것이요, 쉬 죽을 운명이면 쉬 죽을 것이다. 아무튼 운명이란 우리네 사람의 힘으로는 도저히 어찌할 수 없는 것이다「묵자」, 비명상.

이와 같이 운명이 정해져 있어 고치는 것이 불가능하다면 인간이 나태하고 노력하지 않게 되므로 다음과 같은 문제가 발생할 것이다.

첫째, 도덕이 파괴된다. 만약 어떤 사람이 도둑질과 같은 나쁜 행위를 했거나 모든 사람으로부터 비난 받을 일을 하여 벌을 받게 되었을 때 운명론자들은 이것마저 운명으로 돌려 "임금이 내게 벌을 주는 것은 내가 본래 벌을 받을 운명이었기 때문이지 나쁜 행동으로 인하여 벌을 받는 것은 아니다"라고 말할 것이다. 이렇게 되면 도덕이 파괴될 수밖에 없다「묵자」, 비명상.

둘째, 정치가 크게 어려워진다. 만약 정치하는 사람들이 운명이 있다고 믿고 그대로 따른다면 반드시 백성들의 소송을 듣는다든가 정치를 하는 데 게을러질 것이다. 그렇게 되면 그 밑의 일반 관리들도 따라서 관청 일을 하는 데 소홀해질 것이다. 이렇게 되면 세상은 속절없이 어지러워진다「묵자」, 비명하.

셋째, 경제가 빈궁해진다. 농부들이 운명만 믿고 밭갈이와 씨 뿌리는 일을 게을리하고 아낙네들이 길쌈하는 일을 게을리한다면 세상에는 먹고 입을 양식과 옷이 부족하게 된다「묵자」, 비명하.

묵자가 명정설을 반대하는 이유는 이와 같이 명정설이 행해지게 되면 도덕이 파괴되고 정치가 혼란해지며 경제가 빈궁해지는 결과를 초래할 것이기 때문이다. 그러므로 묵자는 '비명'을 주장하여 운명이 본래 있는 것이 아니며 빈부, 중과衆寡, 치란, 수요壽夭 등은 오직 노력 여하에 따라 결정되는 것이라 했다. 청말 민국초의 계몽사상가이며 정치가인 량치차오梁啓超는 묵자가 주장하는 비명론은 인간이 분투 노력할 것을 강조하는 것으로 사회에 가장 유익한 사상이며 "실로 사상계에 한줄기 서광이라 할 수 있다"[3]고 했다.

3 梁啓超,『墨子學案』(臺北: 新文豐出版公司, 1975), p.52.

제3장
『묵자』의 윤리사상

천하의 큰 환란은 국가나 백성들이 서로 사랑하지 않고 미워하는 데에 있다. 『묵자』의 사상은 국가나 개인의 이기심을 없애고 화해和諧의 관계를 증진시키기 위한 겸애兼愛가 그 중심이다. 묵자는 '겸상애兼相愛, 교상리交相利'를 최고의 이상으로 삼아 이를 실천하기 위해 온 힘을 다 기울인 구세救世의 사상가였다. 더불어 사랑하고 함께 이익을 나누는 겸애는 공리주의적功利主義的 경향의 윤리학설로서 다른 사람을 사랑하고 이롭게 하면 나도 사랑받고 이롭게 된다는 것이다.

1. 겸애의 형성배경

묵자가 태어나 활동한 춘추 말 전국 초기는 중국 역사상 가장 혼란스럽고 복잡한 시기의 하나였다. 주周왕조가 권위를 상실하게 되고 열국이 찬탈과 살육, 공격과 정벌을 일삼게 되었다. 이러한 풍조는 가족 사이에도 파급되어 부모와 자식, 형제 간에도 싸움이 끊임없이 반복되었다. 묵자는 이 시대를 살면서 참혹한 전쟁과 비윤리적인 혼란을 직접 눈으로 보고서 어떻게 하면 이 혼란을 막고 평화로운 세상을 만들 수 있을까를 생각한다.

그는 먼저 이 혼란을 다스리기 위해서는 마치 의사가 환자를 치료하기 전에 원인을 찾기 위해 진찰하는 것처럼 혼란의 원인을 밝히는 일이 중요하다고 생각했다. 묵자는 세상이 혼란스러운 근본적인 원인이 사람들이 서로 사랑하지 않기 때문이라고 진단한다. 임금은 임금대로 부모는 부모대로 자식은 자식대로 그리고 신하는 신하대로 형은 형대로 동생은 동생대로 모두가 상대를 해치고 자기 자신을 이롭게만 하려 할 뿐 상대를 사랑하지 않기 때문에 세상이 혼란하다는 것이다「묵자」, 겸애상.

그뿐만 아니라 도둑이나 강도들도 자신만 위할 뿐 남의 집이나 남의 몸을 아낄 줄 모르고 남을 해치는 것도 남을 사랑하지 않기 때문이요, 대부大夫들이 집안을 서로 어지럽히고 제후들이 나라를 서로 공격하는 것도 역시 그러한 까닭에서다. 이와 같이 세상 사람들이 모두 서로 사랑하지 않는다면 강한 자가 반드시 약한 자를 잡아 억누르고 부유한 자가 빈한한 자를 업신여기며 귀한 사람들은 비천한 사람들에게 오만하고 사기꾼은 어리석은 사람들을 속이게 될 것이다. 세상의 모든 재난과 찬탈과 원한이 일어나는 까닭은 서로 사랑하지 않기 때문이다.

묵자는 혼란의 원인을 밝힌 후 이 원인이 그릇된 것이기에 이 원인을 없애고 그것에 대치될 수 있는 방안을 제시한다. 즉, 세상이 혼란하게 되는 근본적인 원인은 사람들이 서로 사랑하지 않기 때문이므로 사람들이 서로 사랑한다면 혼란이 없어지고 세상이 안정되리라는 것이다.

만약 온 천하로 하여금 모두가 더불어 서로 사랑하게 한다면 나라와 나라는 서로 공격하지 않을 것이며, 집안과 집안은 서로 해치지 않을 것이고, 도둑은 없어지고 임금과 신하와 아버지와 자식은 모두가 효도하고 자애로울 수 있을 것이다. 이와 같이 된다면 천하는 다스려질 것이다「묵자」, 겸애상.

묵자는 세상의 혼란을 평정하고 안정된 사회를 구축하는 가장 좋은 방안이 사람들이 더불어 서로 사랑하는 것임을 확신하고 "남을 사랑하라고 권하지 않을 수 없다"「묵자」, 겸애상고 말한다. 이렇게 하여 겸애론이 등장하게 된다.

2. 겸애의 의의와 이상

묵자의 사상에 있어서는 하늘을 공경하고 따르는 곳에 최고의 도덕이 있기에 세상의 혼란을 바로잡기 위해서 사람들은 하늘의 뜻에 따라 서로 사랑해야 한다. 그러나 겸애는 '천지天志'에 그 바탕을 두고 있지만 인간의 사회적 요청에서 파생된 것이므로 국가와 백성의 뜻에도 들어맞아야 한다.

묵자는 남을 미워하고 남을 해치는 것을 '별別'이라 규정짓고 '별'하게 되면 천하가 큰 해를 입게 되므로 '별'은 그릇된 것이라고 비판한다. 그러나 그는 비판에 그치지 않고 그릇된 것에 대치시킬 수 있는 대안을 내놓는다. "겸으로써 별을 바꿔야 한다兼以易別"는 것이다「묵자」, 겸애상.

'겸'은 묵가의 특별한 용어로서 묵학의 기초이기도 하다. 이것은 아우르다兼#는 의미에서 따온 것으로 남과 나의 대립적인 관계를 인류 전체의 화해和諧관계로 확장하려는 것이다. 『묵자』에 나타난 '겸'은 더불어 사랑하고 서로 이롭게 함 兼相愛 交相利을 한 글자로 줄인 것이고, '별'은 차별하여 서로 미워하고 서로 해침別相惡 交相賊을 간단히 줄인 것이다.

묵가의 겸애사상이 가지고 있는 윤리적 의미는 다음의 셋으로 말할 수 있다.

첫째, 겸애는 보편적인 사랑이다.

하늘의 자연적 본질을 통해 하늘의 뜻이 만물을 편벽됨이 없이 보편적으로 사랑하는 것으로 생각한 묵자이기에 그의 겸애의 이상 역시 모든 인류를 보편적으로 사랑하는 것이다. 『묵자』에서 "사람을 사랑한다"는 것은 논리적으로 말하면 사랑하는 것에 대한 주연周延이다. 그러므로 겸애의 대상은 어떤 일부의 사람도 배제함이 없는 모든 사람이다. 사실 인간에게는 누구나 다 사랑하는 사람이 있다. 즉, 인간은 누구나 다 자기 자녀를 사랑한다. 그러므로 한 사람이 어떤 다른 한 사람을 사랑한다고 하여 그가 보편적으로 모든 사람을 사랑한다고 할 수는 없다. 그러나 반대의 측면에서 보면, 한 사람이 어떤 사람을 미워한다는 사실은 그가 사람을 사랑하지 않는 것을 뜻한다.[4] 이와 같은 추리가 가능한 것은 묵가가 사람과 사람의 관계를 기계적이 아니라 유기적으로 보기 때문이다. 일반적으로 전체의 일부분을 잃었을 때 그 전체의 본질은 훼손되는 것이다. 유기체에 있어서는 더욱 그러하다. 예를 들어 몸이 전체라면 손과 발은 그 부분이 되는데 그 한 손과 한 발을 잃게 되면 그 몸을 불구라고 말한다.

묵가에서는 전체 인류가 '겸兼'이라면 개인은 '체體'가 된다「묵자」, 경설상. 겸(전체)이 훼손되면 체(부분)가 되는데 자연에서 이루어진 만물은 '겸' 아닌 것이 없다. 그러므로 '천지天志'에 따르려면 자연의 원리에 맞추어 일마다 오로지 '겸'해야

---

4 평유란, 정인재 옮김, 앞의 책, p.190.

한다. 그렇지 않으면 자연의 원리에 어긋나게 되고 자연성을 해치게 된다. 개인은 인류의 한 부분이지만 사람들과 떨어져서 홀로 존재할 수는 없다. 이것은 손과 발을 몸에서 뗄 수 없음과 마찬가지다. 그러므로 전체적이고 보편적인 사랑이라야 사회를 조화롭게 만들 수 있는 것이지, 어떤 사람은 사랑하고 어떤 사람은 사랑하지 않는 부분적인 사랑은 몸이 불구인 것과 같이 그 사랑 역시 원만하지 못한 것이다. 또 묵가의 겸애는 시간과 공간을 초월한다.

넓은 지역의 사람들을 사랑하는 것과 좁은 지역의 사람들을 사랑하는 것과는 같은 것이다. 겸애의 입장에서 보면 그러한 것이다. 과거의 사람들을 사랑하던 것과 미래의 사람들을 사랑하는 것과 현재의 사람들을 사랑하는 것은 모두 같은 것이다.「묵자」, 대취.

이와 같이 묵가의 겸애는 인류 전체를 대상으로 공간과 시간의 제약을 받음이 없이 인간이면 누구를 가리지 않고 두루 보편적으로 사랑하는 것이 그 이상이다.

둘째, 겸애는 평등한 사랑이다.

천하에 있어 모든 나라는 크건 작건 모두 하늘의 영토요, 인간은 아이, 어른, 귀인, 천인 구분 없이 모두가 같은 하늘의 신하이기에 하늘은 만민을 똑같이 지켜주고 똑같이 길러줌으로써 평등하게 사랑한다. 이러한 하늘의 뜻에 따라 겸애를 주장하는 묵자는 "남의 집을 보기를 내 집같이 하고, 남의 몸을 보기를 내 몸같이 소중히 여기며, 남의 집안 보기를 내 집안 보듯 하며, 남의 나라 보기를 내 나라 보듯 소중하게 여기고 차별 없이 더불어 서로 사랑하게 되면, 남의 나라를 서로 공격하는 일도, 남의 집안을 서로 해치는 일도 없을 것이며 도둑 또한 없어질 것이다"고 했다. 또 임금과 신하, 아버지와 아들 사이에는 모두가 서로 충성하고 효도하고 자애하는 마음을 다하게 될 것이니 이렇게만 된다면 천하는 잘 다스려진다는 것이다.

세상에는 대국과 소국, 대가大家와 소가小家, 강과 약, 귀와 천의 상대적인 관계가 현실적으로 존재하고 있지만 이를 인도적 입장에서 본다면 모두가 평등한 것이다. 겸애가 평등한 사랑이라면 선인, 악인을 가리지 않고 천하의 모든 사람을 공평하게 사랑하는 것인가? 그렇지는 않다. 묵자가 겸애의 대상으로 삼는 것은 선인일 뿐 남을 해치는 사람이나 도둑과 같은 악인은 그 대상에서 제외된다. 그 까닭은 하늘의 뜻이 상선벌악에 있기 때문이다. 즉, 하늘은 사람들을 차별하여 서로 미워하고 서로 해침으로써 하늘의 뜻에 어긋나는 사람들은 반드시 벌준다. 그러므로 묵자는 세상의 모든 악함과 해로움을 없애기 위해서는 남을 해치는 악인을 사랑할 수 없을 뿐만 아니라 그들을 적극적으로 제거해야 한다고 한다.

셋째, 겸애는 이利를 포함한다.

묵자는 '애愛'를 주장할 때 '이利'를 같이 말하는 것을 볼 수 있다.[5] 이것은 '애'와 '이' 사이에 밀접한 관계가 있음을 말해 주는 것이다. 그는 어떠한 사물이나 제도, 학설, 관념 등은 모두 한 가지씩 '무슨 까닭에'를 가지고 있다고 본다. 바꾸어 말하면 모든 사물은 모두 한 가지씩의 '쓸모'가 있다. 그러므로 그 사물의 쓸모를 알아야만 비로소 그것의 옳고 그르고

---

5 예를 들면, "兼相愛, 交相利"(「겸애중」편), "天必欲人之相愛相利"(「법의」편), "兼而愛之, 兼而利之"(「천지상」편). "愛人, 利人"(「겸애중」편), "愛利萬民"(「상현중」편) 등이 있다.

좋고 나쁘고를 알 수 있다. 즉, 모든 사물은 모두 실용을 위한 것이기에 만약 실용이 될 수 없다면 곧 그 사물은 본래의 뜻을 잃어버리는 것이다.[6] 그러면 사람들은 왜 서로 사랑을 해야 되나? 그것은 "천하의 이익을 일으키고 천하의 해를 제거하기 때문이다"「묵자」, 겸애중. 또한 천하의 이익을 일으키기에 서로 사랑하는 것이 옳은 것이기도 하다. 그러므로 『묵자』에서는 천하에 이익을 가져오지 못하는 사랑은 참다운 의미의 사랑이 아닌 것이다. 겸애와 교리交利는 둘이면서 하나이고 하나이면서 둘이다. 겸애를 떼고 교리를, 교리를 떼고 겸애를 말하기는 어렵다. '겸애'의 완전한 용어 역시 '겸상애 교상리兼相愛 交相利'이다.

3. 겸애의 실천

묵자에 의하면 당시의 지식인들도 겸애를 좋은 이론이라고 평하였지만, 동시에 도무지 실천할 수가 없는 것이라고

6 후스(胡適), 송긍섭 외 옮김, 앞의 책, p.170.

비판하였다고 한다. 이에 묵자는 "실천할 수가 없는 것이라면 비록 나라도 그것을 비판할 것이다. 그러나 어찌 세상에서 좋은 것이라 하면서 실천이 안 되는 일이 어디에 있겠는가?"「묵자」, 겸애하라면서 겸애의 실천이 어렵지 않음을 다음과 같이 논리적으로 설득하기 시작한다.

첫째, 겸애는 옛 성왕의 도이기에 실천할 수 있다. 사람들이 겸애를 실천한다는 것이 마치 태산을 끌어안고 양자강이나 황하를 뛰어넘는 것같이 어려운 일이라 비난하자, 묵자는 "태산을 끌어안고 양자강이나 황하를 뛰어넘는 일은 인간이 생긴 이래로 한 번도 실행된 일이 없다. 그러나 겸애·교리는 우·탕·문·무 네 분이 몸소 실천한 바 있다"고 하면서 『서경』의 「태서泰誓」, 「우서禹誓」, 「탕서湯誓」 등의 예를 든다. 겸애는 모두 이 성왕의 도를 본받았기에 누구나 실천할 수 있다는 것이다「묵자」, 겸애하. 이것은 묵자의 진리 검증기준인 '삼표법'의 제1표인 '옛 성왕의 사적事蹟에 근본을 두어야 한다'에 들어맞는 증명이기도 하다.

둘째, 모든 사람이 겸애를 좋아하기에 겸애는 실천할 수 있다. 비록 사람들이 모두 겸애를 즐겁게 실천하지 않고 있다 하더라도 겸애를 행하는 자를 사람들은 모두 좋아한다. 이것을 증명함으로써 겸애는 가치 있는 이론일 뿐만 아니라 실천될 수 있는 이론이라는 것이다. 예를 들어, 죽음을 무릅쓰고 임지로 떠나가게 되는 병사나 사신이 집안의 부모와 처자를 맡기려 할 때 겸애하는 친구와 별애하는 친구 가운데 과연 누구에게 맡길 것인가? 이에 대해 묵자는 "이런 경우에는 천하의 어리석은 남자나 어리석은 여자 할 것 없이, 비록 겸애를 비난하는 사람일지라도 반드시 겸애하는 친구에게 맡기려 할 것이다. 이렇게 되면 말로는 겸애를 비난하면서도 막상 선택을 할 때는 겸애하는 사람들을 취하는 것이니 이것은 말과 행동이 어긋남이다"「묵자」, 겸애하라고 겸애를 비판하는 자들의 언행의 모순을 지적한다. 겸애를 비판하는 사람들도 현실적인 문제에 부딪힐 때는 사회에 있어서 겸애라는 덕이 필요하다는 것을 느끼게 된다는 것이다. 자사自私와 자리自利에 눈이 어두운 사람들도 겸애의 사회적 필요성 때문에 겸애를 긍정하게 되고 겸애를 실천하게 될 것이라는 것이 묵자의 주장이다.

셋째, 겸애는 바로 자애하는 것이기도 하기에 실천할 수 있다. 묵자는 "남을 사랑하는 사람은 남으로부터 반드시 사랑을 받게 되고, 남을 이롭게 하는 사람은 남으로부터 반드시 이익을 받게 마련이다"『묵자』, 겸애하고 한다. 남을 사랑하고 이롭게 하면 그 상대방도 그렇게 할 것이므로 사람들마다 겸애를 하게 되면 이것이 곧 자애나 다를 게 없다는 것이다. 겸애의 목적이 자애, 자리는 아니지만 겸애의 결과 자연적으로 자애, 자리가 따르게 마련이다. 겸애는 인류 전체의 호애互愛이고 호리互체의 이론이기에 무조건적인 애타, 이타와는 다르게 인간본성이 갖고 있는 자애, 자리의 욕구도 충족시켜 줄 수 있으므로 실천하기에 어렵지 않다는 것이 묵자의 주장이다.

넷째, 군주가 겸애를 좋아하기만 하면 아랫사람들도 실천하게 된다. 겸애한다는 것은 좋은 일이기는 하나 실천하기는 지극히 어렵다는 지식인들에 대해 묵자는 진실로 임금이 좋아하기 때문에 백성들도 어려움을 무릅쓰고 실천하는 예를 들고 있다. 즉, 진나라 문공文公이 검소한 옷차림을 좋아하였기에 신하들이 모두 그렇게 하였으며, 초나라 영왕靈王은 사람들의 가는 허리를 좋아하였기에 신하들은 모두 밥을

적게 먹어 허리를 가늘게 만들었고, 월왕越王 구천句踐은 용감
성을 좋아하였기에 신하들이 불에 뛰어들어 죽기까지 하였
다는 것이다「묵자」, 겸애중.

이것은 군주를 비롯한 권력층이 개심하여 솔선수범하기
를 바라는 점에서는 묵자의 개혁정신으로 평가할 수 있다.
문제는 정당성이 결여된 요구임에도 불구하고 단순히 군주
가 좋아한다 하여 불 속에 목숨을 내던지는 등 맹종하는 신
하들의 예이다. 이렇게 군주의 위력에 의지하려는 묵자의
생각은 성급하게 목적을 달성하려다 겸애 본래의 정신을 훼
손시킬 우려가 있는, 설득력이 약한 주장이기도 하다. 묵자
의 권위주의적이고 사대주의적인 경향은 「겸애하」편에서
더욱 강화되고 있다. 다음 글을 보자.

만약 진실로 임금이 (겸애를) 좋아하여 포상과 명예로써 실천
을 권하고 반대하는 사람은 형벌로써 위압한다면 내 생각으로
는 사람들이 더불어 사랑하고 서로 이롭게 하는 길로 나아가
는 것은, 비유하자면 마치 불이 타오르고 물이 흘러내리는 것
같아 천하에는 (그것을) 막을 방법이 없을 것이다「묵자」, 겸애하.

묵자는 이와 같이 겸애를 실천하도록 하는 마지막 방법으로 군주의 상벌주의를 택하고 있다. 군주가 겸애를 좋아하여 구체적 정치권력인 상벌로써 백성들에게 권장한다면 겸애는 철저하게 실현될 수 있다는 것이다. 그러나 사랑이란 마음속에서 스스로 우러나와야 하는 것이지 어떤 이익을 바라서나 제재 때문에 마지못해 행하게 돼서는 묵자가 당초 의도하는 안정되고 평화로운 이상사회가 이루어지기는 어려울 것이다.

4. 겸애와 인애仁愛

묵자는 유가의 교육을 받고 유학을 배웠으나 그것들을 그 자신의 독창적 학문으로 발전시켰다. 그러므로 유가와 묵가의 사상은 그 출발점과 시행방법이 다를지라도 대동大同 세계로 향한 그 궁극 목적은 서로 다름이 없다. 공자가 '널리 사람들을 사랑하되 어진 이를 가까이할 것汎愛衆而親仁'「논어」, 학이을 말한 것이나 '널리 은덕을 베풀어서 무리를 구제하는 것博施濟衆'「논어」, 옹야이 인仁의 최고경지라고 한 것은 묵자의 겸애의 의미와 가깝다. 또 공자의 '자기가 원하지 않는 일을 남에게 하지 않는 것己所不欲, 勿施於人'「논어」, 안연과 '자기가 나서고 싶으면 남을 내세워 주고 자기가 발전하고 싶으면 남을 발전시켜 주는 것己欲立而立人, 己欲達而達人'「논어」, 옹야의 인仁의 의미와 묵자의 "남을 위하는 것이 곧 나를 위하는 것이다"라는 겸애의 설명은 그 의미가 서로 같은 것이다. 이와 같이 묵자의 겸애와 유가의 인애의 사상은 그 큰 뜻이 같다고 할 수 있으나 그 출발점과 시행방법은 다르다.

공자는 개인의 인심仁心을 그 출발점으로 삼았고 맹자는 측은지심을 인仁의 발단으로 삼았다. 즉, 유가의 인애의 동기는 도덕심성의 자각에 있다고 볼 수 있다. 그러나 묵자는 당시의 혼란을 평정할 수 있는 유효한 방법으로서의 겸애의 이론근거를 '천지天志'에 두고 있다. 그 까닭은 혼란의 원인이 서로 사랑하지 않음에 있고 서로 사랑하지 않는 근본적인 원인은 이기심과 서로 해치려는 마음에 있기에 겸애의 근거를 자연적인 감정에 둘 수 없고 초월적인 존재에서 찾아야 했기 때문이다.

다음에 그 시행방법을 보면, 유가의 인애가 차등적이라면 묵자의 겸애는 평등적이라고 할 수 있다. 유가가 주장하는 인애는 자기를 사랑하는 것이 먼저이다. 다음에 자기를 사랑하는 것을 미루어서 남을 사랑하는 것이다. 자기를 미루어 남에게 미치는 것推己及人을 원칙으로 하여 친소와 원근을 따진다. 그러하기에 맹자는 "내 집 노인 어른을 공경하는 마음으로 다른 집 노인을 공경하는 데까지 미치게 하고, 나의 어린이를 사랑하는 마음으로 다른 사람의 어린이를 사랑하는 데까지 미치게 한다"「맹자」, 양혜왕상고 하였다. 사회윤리에 있어서 친척을 친척으로 받드는 정도를 낮추어 가는 것과 어진 사람을 높이는 차등親親之殺, 尊賢之等을 주장한다.

이에 반해 묵자의 겸애는 평등을 이상으로 하고 있다. 겸애는 천지天志의 표현인데 하늘의 의지가 만물을 보편적으로 사랑하는 것이므로 그 사랑함에 있어서 친소와 피차를 구별하지 않고 일률적으로 평등하게 사랑하는 것이다. 그러므로 남을 사랑하기를 자기를 사랑하는 것과 같이 하고, 남의 부모를 사랑하기를 자기 부모 사랑하는 것처럼 해야 한다.

유가는 묵가의 평등한 사랑을 비판한다. 묵자의 이론을 따라 생각해 본다면 남을 사랑하는 것과 자신을 사랑하는 것을 동시에 할 수 없는 경우에는 자기를 희생하고 남을 좋게 해줄 수 있을 것이다. 그러나 남의 부모를 사랑하는 일과 자기 부모를 사랑하는 일을 동시에 할 수 없을 때는 누구를 사랑해야 할지 망설이지 않을 수 없다. 예를 들어 흉년이 들어 두 노인이 배가 고파 죽을 지경에 이르렀는데 그 한 사람은 자기 아버지이고 다른 한 사람은 남의 아버지다. 묵자가 가진 밥은 한 그릇밖에 없어 두 노인을 모두 죽음에서 구할 수는 없다. 그러면 묵자는 자기 아버지를 구하겠는가, 남의 아버지를 구하겠는가? 만약 자기 아버지를 먼저 구한다면 겸애의 이론에 어긋나므로 묵자는 별사別士가 된다. 또 남의 아버지를 먼저 구한다면 맹자가 비판하듯이 묵자는 아비도 모르는 금수가 된다.

과연 묵자의 겸애는 '무부無父'인가? 묵자는 인륜 도덕을 무시하는가? 그렇지는 않다. 묵자墨者로 알려진 이지夷之의 말을 보자.

이자는 "유가의 도리는 '옛날의 성현들이 백성을 마치 자기의 어린 아이같이 보호하고 기른다'고 했는데 무슨 뜻이겠습니까? 그것이 바로 사랑에는 차등이 없는 것이지만 다만 베풀 때는 부모로부터 시작한다는 것이라 하겠습니다"고 말했다 『맹자』, 등문공상.

실제로 사랑을 베풂에 있어서는 멀고 가까움의 차이를 생각하지 않을 수 없다. 가까이 있는 사람이 먼저 사랑을 받게 되는 것은 당연하며, 관계가 먼 사람이 뒤에 사랑을 받게 되는 것은 어쩔 수 없는 이치이다. 그러므로 앞의 예에서 묵자는 당연히 자기 아버지를 먼저 구할 것이다. 그러나 남의 아버지를 자기 아버지처럼 사랑하는 그 마음에는 차등이 없어야 한다.

묵자가 인륜 도덕을 무시하지 않고 오히려 효를 숭상했다는 증거는 『묵자』에서도 충분히 찾아볼 수 있다. 즉, "부모와 자식이 서로 사랑하면 자애와 효도가 행해진다"『묵자』, 겸애 중라든가 "인자仁者가 천하를 위하여 노력하는 마음은 효자가 어버이를 위하여 노력하는 마음과 다를 것이 없다"『묵자』, 절장하라는 등 『묵자』에서 '효孝'자는 45번이나 나타난다.

제4장

『묵자』의 평화사상

홍콩의 차세대 감독 장지량張之亮이 연출을 맡고, 유덕화, 아이돌그룹 수퍼주니어의 최시원이 주연을 맡은 범아시아 프로젝트 '묵공墨攻'이 2007년에 우리나라에 소개된 바 있다. '묵공'은 한국·중국·일본·홍콩의 제작진과 배우들이 손을 잡고 일본의 베스트셀러였던 같은 이름의 만화를 영화화한 작품이다. '묵공'의 메시지는 사랑과 평화 그리고 전쟁반대이다. 이 영화는 평화를 지키기 위해 전쟁에 뛰어든 혁리革離의 묵가사상을 통해 휴머니즘적인 시각을 강조하고 있다. 평화를 '삶의 조건'으로 내세워 평화운동을 전개한 묵자가 오늘날 살아 있다면 노벨평화상을 몇 번이나 받았을 것이다.

1. 비공非攻의 평화론

중국 고대를 살았던 지성인들은 계속되는 전란의 비참한 현실을 타개하기 위해 저마다 전쟁을 반대하고 평화를 추구하는 사상을 내놓았다. 그러나 이들의 주장이나 행동은 직관적인 예지의 발로임에는 틀림이 없으나 체계적이며 이론적인 반전 평화사상은 아니었다. 묵자와 그의 제자들에 의해 쓰여진 『묵자』의 '겸애론'이나 '비공론'은 중국은 물론 세계사상사에서도 찾아보기 힘든 평화론이다.[7]

묵자는 서민들의 생존을 보호하고 생활을 안정시키기 위한 방안을 강구하는 데 심혈을 기울인 구세의 사상가이자 실천인이었다. 가난과 핍박에 허덕이는 백성들을 죽음과 도탄으로 몰아넣는 것은 전쟁이었다. 묵자는 전쟁의 원인을 남을 사랑하지 않는 별애別愛로 보고 모두가 증오와 이기심을 버리고 더불어 사랑하는 겸애를 실천할 것을 주장한다. 남의 나라를 내 나라처럼 사랑한다면 전쟁이란 있을 수 없

---

7 村瀨裕也,『東洋の平和思想』(東京: 靑木書店, 2003), pp.15-16.

다. 묵자의 겸애가 실현되는 사회는 전쟁이 없을 뿐만 아니라 사회정의의 질서 밑에서 힘이 있는 자는 힘을, 재력이 있는 자는 재물을, 지식이 있는 자는 지식을 망설이지 말고 서로 나누는 겸애의 사회이다. 곧 겸애의 사회는 적극적인 평화의 사회이다. 묵자는 적극적 평화의 개념인 겸애를 내세우는 한편 침략전쟁을 반대하는 '비공非攻'의 소극적 개념의 평화를 주장한다.

묵자는 형荊·오吳·제齊·진晉·초楚·월越나라 사이의 격렬한 전쟁을 직접 눈으로 보고서 그로 인하여 발생했던 백성들의 고통과 피해에 대하여 백성의 입장에서 깊이 생각하지 않을 수 없었던 것이다. 천하에 해로움이 되는 것이면 무엇이든지 물리치고, 천하에 이로움이 되는 것이라면 어떤 어려움이라도 무릅쓰고 실천하고야 말겠다는 것이 묵가의 정치적 이상이다. 천하에 가장 해로움이 되는 것은 무엇보다도 나라와 나라 사이의 전쟁이다. 그러므로 묵자는 백해무익한 전쟁을 극력 반대하는 것이다. 묵자가 내놓은 '비공'의 이론은 침략전쟁을 반대한다는 것으로, 묵학 중에서도 가장 구체적이면서 실질적인 이론이다. 그의 '비공'의 평화론은

'의義'의 윤리적 기초 위에 성립한다.

2. 비공非攻의 윤리적 기초: 의義

묵학의 기본정신인 '10대 주장'을 꿰뚫고 있는 최고의 가
치규범은 '천지天志'이다. 하늘 혹은 하늘의 뜻이 묵자의 구세
활동의 표준이다. 그런데 하늘은 의義를 바라고 불의不義를
싫어한다. 따라서 의는 하늘의 본질이며 하늘의 의지의 내
용이 된다. 곧 묵학의 근본적인 목표는 의로써 하늘天과 사
람人이 교류하고 하늘로써 천하를 구제하고자 하는 것이다.

묵자는 말하기를 "군자는 가까운 것을 살피고 가까운 것
부터 닦아가는 사람이다. 남이 행실을 닦지 않아서 비방당
하는 소리를 듣는 것을 보면 그것으로써 자신을 반성하는
계기로 삼는 사람이다"『묵자』, 수신라고 자신을 반성하여 바른
길로 나아가야 함을 강조한다. 이것은 「귀의貴義」편에 나타
난 묵자의 언행과 사적을 보면 분명히 알 수 있다. 그는 행
동과 실천을 중시하는 사상가로서 "모든 일에서 의보다 더
귀한 것은 없다"『묵자』, 귀의고 말함으로써 의를 묵자墨者들이 수

행하고 행동함에 있어서 자아를 규약하는 원칙으로 삼고 있음을 알 수 있다. 그래서 묵자는 여섯 가지 편벽된 감정六辟, 즉 기쁨도 버리고 성냄도 버리고 즐거움도 버리고 슬픔도 버리고 사랑과 미움도 버리고, 손과 발과 입과 코와 귀가 의로운 일만 한다면 반드시 성인이 될 것이라고 말하는 것이다『묵자』, 귀의. 그는 자기의 생각과 말과 행동에 있어서는 자기의 감정을 배제하고 신중하게 일의 성과를 생각하며 스스로를 조절하고 자제함으로써 의를 행하는 것이 수신의 원칙임을 주장한다.

묵자에 있어서 의는 천하의 좋은 보물이기에 '의義'가 곧 '이利'이다『묵자』, 경상. 의가 좋은 보물과 같은 이유는 의로써 나라를 다스리면 인구가 늘어나고 질서가 확립되어 나라가 평화롭게 되기 때문이다. 의가 곧 나라와 백성들을 이롭게 하는 것이다『묵자』, 경주.

이와 같이 묵자에 있어서의 의義와 이利는 뗄 수 없는 관계이다.[8] 곧 의로워야 이롭다 할 수 있으며 의롭지 못한 행위

---

8 『묵자』 외에도 義와 利를 같이 말하는 것으로는 "利者 義之和也"(『주역』「문언전」), "義以生利"(『좌전』 권12), "德義利之本也"(『좌전』 권7) 등에도 보인다.

는 이롭지도 못한 것이다. 의롭지 못한 이는 자기만을 이롭게 할 뿐 오히려 다른 사람을 해롭게 하는 것으로 이것이 유가가 배격하는 소리小利이다. 묵자에 있어서도 이러한 소리小利는 배격하고 오로지 최대 다수자를 위한 대리大利, 공리公利만을 추구한다. 묵자가 천하의 이利를 일으키려고 할 때의 이利는 "위로는 하늘에 이로워야 하고 가운데로는 귀신에 이로워야 하며, 아래로는 사람들에게 이로워야 된다"『묵자』, 천지상고 할 만큼 이利는 공적公的이고 객관적이어야 한다. 그러므로 유儒·묵墨이 모두 의를 중시하고 대리, 공리를 중시하는 점에서는 다름이 없다.

남의 나라를 침략하려는 사람들이 공리公利를 생각하여 의로써 자아를 절제하고 욕구를 억제한다면 전쟁이 일어나지 않을 것이라고 묵자는 강조한다.

3. 침략전쟁의 부정

묵자가 주장하는 '비공非攻'은 전쟁을 반대한다는 것이다. 묵자는 원칙적으로 전쟁을 거부하는 평화주의자이지만 모든 전쟁을 일률적으로 부정하는 입장을 취하지는 않았다. 다른 나라의 부당한 일방적 침입에 대처하기 위한 자위의 전쟁은 정당화될 수 있으며, 평화의 필요악으로서의 정의의 전쟁 역시 정당화될 수 있다는 상대적인 전쟁폐지론자라고 볼 수 있다.

그러면 묵자가 침략전쟁을 반대하는 이유는 무엇인가?

첫째, 침략전쟁은 의롭지 못하기 때문이다.

만약 우리가 묵학의 정신을 '묵도墨道'라고 한다면 '묵도'는 곧 '의도義道'인 것이다. 그러므로 묵자가 말하기를 "천하에 의義가 있으면 살고, 의가 없으면 죽는다. 또 의가 있으면 부유하게 되고 의가 없으면 가난하게 되며, 의가 있으면 평화롭게 되고 의가 없으면 혼란해진다"고 한다. 『설문해자』에 의하면 의는 잘못됨을 바로잡아 마땅함으로 나아간다는 의미를 가지고 있다. 이것은 묵자의 행동과 인격에 부합된다. 묵자는 비공 이념을 실천함에 있어서도 의가 기준이 되어야 함을 주장한다. 전쟁을 좋아하는 사람들이나 전쟁을 잘하는 사람들이 반드시 의로써 자아를 절제하고 점검함으로써 전쟁에 대한 욕구를 근본적으로 단절하게 하려는 것이 묵자의 생각이다. 전쟁은 의와 불의를 구분하지 못하기 때문에 일어난다고 묵자는 다음과 같이 말한다.

어떤 사람이 남의 밭에 들어가 복숭아나 자두를 훔쳤다면 사람들은 이 일을 듣고서 그를 비난할 것이며 위정자는 벌을 내릴 것이다. 이것은 무엇 때문인가? 남을 해쳐서 자기를 이롭게 했기 때문이다. 또 남의 개와 닭과 돼지 등을 훔쳤다면 그 의롭지 못함이 복숭아나 자두를 훔친 것보다 더하다. 그것은 남에게 더욱 많은 해를 끼쳤기 때문이다. … 무고한 사람을 죽이고 옷을 빼앗고 창과 칼을 빼앗는다면 그 의롭지 못함이 남의 소와 말을 뺏는 것보다 더하다. 역시 남에게 끼친 해가 그만큼 크기 때문이니 남에게 끼친 해가 많을수록 불인仁도 죄도 커질 것임에는 변함이 없다. 이런 것은 세상의 모든 군자들도 의롭지 못한 일이라고 비난할 줄 안다. 그러나 남의 나라를 침략하는 큰일에 있어서는 이것을 비난하기는커녕 도리어 칭찬하며 의롭다고 한다. 이것을 어찌 의와 불의를 구별할 줄 안다고 말하겠는가? 『묵자』, 비공상.

묵자는 침략전쟁을 반대하지만 하夏의 우禹임금이 묘족苗族을 정벌했던 일이나, 상商의 탕湯임금이 하夏의 걸桀을 정벌했던 일, 주周의 무왕武王이 상商의 주紂를 정벌했던 전쟁은 주벌誅伐이기 때문에 오히려 찬양하고 있다. 묵자의 설명에 의하면 하늘의 뜻을 받들어 불의不義를 토벌하는 '주誅'는 자신의 권력욕이나 이익 때문에 무고한 나라를 침략하는 '공攻'과는 논리적으로 '유類'가 다르고 '고故'가 다르다는 것이다.[9] 그러므로 하늘의 뜻에 따라 불의를 토벌한 옛 세 성왕의 전쟁은 묵자가 반대하고 있는 '공攻'과 다른 '주誅'이기에 찬양함은 모순이 아닌 것이다「묵자」, 비공하.

둘째, 침략전쟁은 아무런 이익이 없기 때문에 이를 반대한다.

전쟁은 침략당하는 쪽이나 침략하는 쪽이 모두 큰 손해를 입게 된다. 전쟁을 일으키는 쪽은 물론, 방어하는 쪽도 군사를 동원해야 하는데 그 수가 사병만도 십만 명이나 되어

---

9 '유(類)'는 추론(推論)의 범위를 나타내는 개념으로 사물의 연계성(連繫性)을 파악하는 것이며, '고(故)'는 추론의 이유를 나타내는 개념으로 사물의 인과성(因果性)을 탐구하는 묵자의 독창적인 논리사상이다.

야 할 것이며, 또 한번 싸움을 걸었다 하면 길게는 몇 년이요 짧아도 몇 달은 걸릴 것이다. 이렇게 되면 나라 안은 온통 전쟁에 휩싸여 군주는 국정을 돌볼 사이가 없고 관리들은 관청에 앉아 사무를 볼 여유가 없으며 농부는 농사를, 부인들은 베 짜기를 할 시간이 없으니 나라는 가난하게 되고 사람들은 모두 자기의 할 일을 못 하게 된다. 이러한 인력의 손실에다 재물의 손실 또한 쌍방이 엄청나다. 침략하는 쪽은 대량의 공격무기에다 교통수단, 양식, 천막 등의 장비를 갖추지만 그 대부분이 전쟁 중에 소모되거나 없어져버려 막대한 손실을 가져온다「묵자」, 비공중. 침략당하는 쪽은 방어하기 위해 갖춘 각종 장비들의 손실뿐만 아니라 침략자들의 노략질과 방화 등에 의한 재물의 손실이 침략하는 쪽보다 훨씬 더하다「묵자」, 비공하. 묵자는 또한 인명의 손실을 내세워 침략전쟁을 반대한다. 전쟁 중에 쌍방이 화살과 칼에 의해 죽거나 부상당하는 군사의 수는 헤아릴 수 없을 정도이다. 그 밖에도 전쟁으로 인해 얼어 죽고 굶어 죽는 사람, 병들어 죽는 사람들도 많을 뿐만 아니라 침략자는 노소를 가리지 않고 양민을 대량학살하기에 침략당하는 쪽의 인명피해는 더욱 심한 것이다.

그러나 이것보다 더 큰 손실은 전쟁으로 인해 나라가 망하는 것이다. 묵자는 전쟁으로 인해 망한 나라가 많다고 말하고 그 구체적인 예를 들고 있다. 침략을 당하여 망한 예는 생략하고 남의 나라를 침략하기를 좋아하다 망한 예를 하나 들어보자.

옛날 진晉나라에는 여섯 장군이 있었는데 그 가운데 지백智伯이 가장 강했다. 지백은 자기 땅의 크기와 인구의 수를 헤아려 보고 제후에 대항하는 데는 침략하여 싸우는 것이 가장 빠르리라 생각했다. 빠른 부하들을 뽑고 배와 수레에 탈 군사들을 정비한 후 중행中行씨를 침략하여 차지하고 다시 자범茲范씨를 침략하여 크게 이긴 후 삼가三家를 모두 합쳐 일가一家로 만들었다. 또 진양晉陽에서 조양자趙襄子를 포위했다. 이렇게 되자 한韓씨, 위魏씨가 모의하기를 "옛말에 입술이 없어지면 이가 시리다는 말과 같이 조씨가 아침에 망하면 우리는 저녁에 망할 것이요 조씨가 저녁에 망한다면 우리는 아침에 망할 것이다"라고 했다. 이리하여 세 임금은 마음과 힘을 하나로 하여 성문을 열고 길을 닦고 갑옷과 무기를 내어 군사를 일으켰다. 한韓·위魏 두 나라는 성 밖에서, 조씨의 군사는 성안에서 지백을 쳐서 크게 망하게 했다「묵자」, 비공중.

여기서 묵자는 "오늘날 침략전쟁이 이익이 있다고 생각하는 사람은 어찌하여 지백의 일을 거울삼지 않는가? 그것이 불길하고 흉한 것이라는 것은 이미 알고 있는 것이다"「묵자」, 비공중라고 말함으로써 침략자는 한때는 이긴다고 하더라도 결국 망하고 만다는 것을 주장하고 있다.

도道를 행하는 자는 반드시 온 천하의 공리公利를 추구해야 한다. 그러므로 침략전쟁이 비록 몇몇 대국에 이익이 된다고 하더라고 천하에 이익이 되지 않으면 바른 도가 아닌 것이다. 묵자는 오히려 "천하에 끼치는 해가 큰 것인데도 임금과 귀족들이 그것을 즐겨 행한다면 곧 이것은 천하의 만백성을 해치고 멸망시키기를 즐기는 것이 된다. 어찌 도리에 어긋나는 것이 아니겠는가"「묵자」, 비공하라고 말한다. 침략전쟁은 전체 인류의 입장에서 아무런 이익이 없을 뿐만 아니라 큰 해가 될 것이므로 적극 반대하는 것이다. 이러한 생각은

벤담의 공리주의에서 최대다수의 최대행복을 도덕표준으로 하는 것과 같다.

4. 평화운동의 실천

묵자의 '비공'을 통한 평화사상도 한갓 이론으로만 주장된 것이 아니다. 그는 '비공'의 실천을 위해 때와 장소를 가리지 않고 온갖 위험을 무릅쓰며 행동했다. 묵자의 일생을 통해 가장 위대한 업적이라 할 수 있는 평화운동의 예를 보기로 하자.

노양魯陽의 문군文君이 자기 나라의 부국강병을 위하여 정나라를 공격하려 한다는 소문을 들은 묵자가 노양의 문군을 찾아가 전쟁을 말리기도 하고, 제나라가 노나라를 침략하려는 것을 묵자가 설득하여 전쟁을 막은 일도 있다. 묵자가 그의 평화사상을 주장한 것 가운데 가장 태도와 표현이 강경하고 기록이 상세하고 많은 것은 초나라가 송나라를 침략하려 했을 때 묵자가 그 소문을 듣고 초나라로 가서 송나라 침략을 중지시킨 다음과 같은 일화이다.[10]

과학기술의 명인이며 군사전문가이기도 한 공수반公輸盤
이 초나라를 위하여 성을 공격하는 운제雲梯를 만들어 송나
라를 침략할 준비를 하였다. 묵자는 노나라에서 이 소식
을 듣고 즉각 출발하여 열흘 낮과 열흘 밤을 달리어 초나라
의 도읍인 영郢에 이르러 공수반을 만났다. 묵자가 말하기
를 "초나라는 여유 있는 땅을 가지고 있으나 백성들이 부족
합니다. 부족한 백성을 죽임으로써 여유 있는 땅을 위하여
다툰다는 것은 지혜롭다 말할 수가 없습니다. 송나라는 죄
도 없는데 그 나라를 공격한다는 것은 어질다고도 말할 수
없습니다. 알면서도 간諫하지 않는 것은 충성되다 말할 수
가 없고, 간諫하여 뜻을 이루지 못하는 것은 강하다고 말할

10 이 예화(例話)는 무척 유명한 고사로서 『묵자』 「공수(公輸)」편뿐만 아니라, 『회
남자』 「수무훈(修務訓)」편에도 실려 있다. 근대에 와서는 루쉰(魯迅, 1881-
1939)이 「공수」편과 그 밖의 기록에 의거하여 '비공'이란 단편소설을 썼다. 또
이 예화를 바탕으로 일본의 사케미 켄이치(酒見賢一)는 1991년에 역사소설
'묵공(墨攻)'을 썼고, 모리 히데키(森 秀樹)는 1992년에서 1996년까지 만화 '묵
공' 11권을 내놓았다. 이 만화는 우리나라에서도 1998년에 서울문화사에서 번
역 발간되었다. 한대(漢代)에서부터 쓰이기 시작한 '묵수(墨守)'라는 말은 이
'지초공송(止楚攻宋)'의 예화 중 묵자가 성(城)을 굳게 잘 지켜 굴하지 않았다
는 데서 연유하는 것으로, 자기의 의견을 바꾸기를 싫어하여 끝내 고집하는 것
을 일컫는다.

수가 없습니다. 의로움으로 사람들을 죽이지 않는 것과 여러 사람들을 죽이는 것은 일의 '유類'를 안다고 말할 수 없습니다"고 했다. 즉, 초나라가 죄도 없는 송나라를 침략한다는 것은 '부지不智'·'불인不仁'·'불충不忠'·'불강不强'·'부지류不知類'의 잘못을 저지르는 것이라고 설득한다. 이러한 묵자의 논리적인 설득에 굴복한 공수반은 그 책임을 임금에게 미룬다. 묵자는 초나라 임금을 직접 만나 말하기를 "지금 여기에 한 사람이 있는데 그가 가진 아름다운 무늬가 새겨진 좋은 수레를 버려두고 이웃에 있는 다 낡은 수레를 훔치려 합니다. 자신의 수놓인 비단 옷은 버려두고 이웃에 있는 짧고 볼품없는 옷을 훔치려 합니다. 자신의 맛있는 기장밥과 고기는 버려두고 이웃에 있는 겨와 지게미를 훔치려 합니다. 이러한 사람을 어떠한 사람이라 하시겠습니까?" 하니 임금이 말하기를 "물론 도적질하는 버릇이 있는 사람이겠지요"라고 했다. 크고 부유한 초나라가 작고 가난한 송나라를 침략하는 것도 자기가 가진 것이 많은데도 하찮은 남의 것을 훔치려는 도벽과 같다는 것이다. 묵자가 다시 "저는 임금님의 관리들이 송나라를 공격하려 하는 것도 앞 사람들과 같은 종류의 일이라고 생각합니다. 저의 생각으로는 반드시 의로움만 상하게 될 뿐 얻어지는 게 없을 것으로 압니다" 하니 임금이 말하기를 "좋은 말씀이오. 비록 그러하다 하더라도 공수반이 나를 위하여 운제를 만들었으니 꼭 송나라를 빼앗아야만 하겠소"라고 했다.

여기서도 우리는 묵자의 논리적 기교를 볼 수 있다. 먼저 몇 가지 비유를 든 후 다시 본래의 문제로 돌아온다. 이러한 방법으로 묵자는 임금의 침략행위가 도벽과 같다는 것을 깨닫게 하고 있다. 그러나 임금은 다시 공수반이 만든 운제를 핑계로 묵자와의 논변을 회피한다.

이에 묵자는 다시 공수반을 만난다. 묵자는 허리띠를 끌러 성을 만들고 나무 조각으로 기계를 삼았다. 공수반은 성을 공격하는 방법을 아홉 번이나 바꾸면서 기계로 공격했으나 묵자는 아홉 번 모두 이를 막아 냈다. 공수반은 성을 공격하는 기계의 공격방법을 다하였지만 묵자의 수비에는 여유가 있었다. 마침내 공수반이 묵자에게 굴복했다. 묵자는 다시 초나라 임금에게 말하기를 "공수반의 뜻은 다만 저를 죽이려는 것뿐입니다. 저를 죽이면 송나라는 초나라의 침략을 막아낼 수가 없을 테니 쉽게 공격할 수 있을 거라는 거지요. 그러나 금골희禽滑釐 등 저의 제자 300명이 제가 발명한 군사 무기를 가지고 이미 송나라 성 위에서 초나라의 군대를 기다리고 있습니다. 비록 저 하나를 죽인다 하더라도 그들을 이겨낼 수는 없을 것입니다"라고 하니, 초나라 임금은 "알겠습니다. 나는 송나라를 침략하지 않겠습니다" 하고 굴복하고 만다「묵자」공수.

아무런 벼슬도 없는 묵자가 초나라의 임금과 공수반을 만나 이들을 설득하여 전쟁을 막는다는 것은 쉬운 일이 아니다. 우리는 당시의 상황을 생각해 볼 때 묵자가 변론하고 모의전쟁을 할 때는 무척 긴장되었으리라 여겨진다. 그러나 묵자는 이런 고난과 위험을 무릅쓰고 초와 송나라에 조금도 손실을 끼침이 없이 곧 일어나고야 말 침략전쟁을 방지한 것이다. 이때 묵자는 종횡가縱橫家로 착각할 만큼 논리적인 웅변력을 발휘하였다. 침략을 중지시킨 주된 요인은 그 자신이 공수반보다 뛰어난 전략가일 뿐만 아니라 금골희 등 300명으로 편성된 특공대를 송나라의 성에 배치해 놓았기 때문이다. 이 이야기 속에는 묵자가 이론적으로 '비공론'

을 제창했을 뿐만 아니라 실제로 묵자墨者로 구성된 평화유지군을 편성했다는 역사적 사실이 내포되어 있다. 또 이 이야기에는 놓칠 수 없는 에필로그가 곁들여 있다. 묵자가 죽을 고생을 거듭한 끝에 송나라의 성문에 이르자, 아무것도 모르는 송나라 사람들은 초군楚軍 내습 소문에만 두려움을 느껴 성문을 굳게 닫고 생명의 은인인 묵자를 받아들이지 않았다. 때마침 내리는 비에 묵자는 성문 앞에 주저앉아 비를 맞으며 갈 곳을 모르는 처량한 신세가 되었다는 것이다 「묵자」, 공수. 이것은 묵자의 헌신적인 평화운동을 교묘하게 형상화한 것이다.

이상의 일화를 통해서 묵자는 침략전쟁이 잘못된 것임을 논리적으로 비판하고 침략자의 야욕을 꺾기 위해 헌신적으로 노력한 구세의 사상가이며 이론의 실천가임을 알 수 있다. 그는 이론만의 평화주의자와는 다른 것이다.

제5장
『묵자』의 정치사상

묵자는 정치를 의롭게 다스리는 것義政과 힘으로 다스리는 것力政으로 나눈다. 더불어 사랑하는 겸애의 도는 의정이며 차별하여 사랑하는 별애의 도는 역정이다. 묵자가 생각하는 진정한 의미의 정치, 곧 의정은 겸애의 기치 아래 만민을 이롭게 하려는 겸리兼利의 정치라 할 수 있다. 따라서 묵가의 정치목표는 경제부흥과 부조리의 척결에 있다. 이와 같은 묵가의 공리주의적 정치관은 성과를 따지지 않고 이익을 꾀하지 않는 유가의 정신과는 근본적으로 배치된다. 『묵자』의 정치사상은 주로 「상동」과 「상현」편에서 볼 수 있다.

1. 상동론尙同論

묵자는 겸애의 도가 세상을 구하는 유일한 방법이라고 생각했으나 인간은 남과 서로 사랑하는 본능을 가지고 있다고는 생각하지 않았다. 그는 실을 물들이는 사람을 보고 탄식하며 말하기를 "파랑으로 물들이면 파란색, 노랑으로 물들이면 노란색, 이렇게 물감이 다를 때마다 빛깔도 변하여 다섯 번 들어가면 오색이 되니 물들이는 일이란 참으로 조심해야 할 일이다"「묵자」, 소염라고 했다. 학문을 하는 선비도 물들이는 방법에 따라 착한 사람이 되기도 하고 악한 사람이 되기도 한다는 것이다「묵자」, 소염. 그러므로 인간은 '겸애의 도'로써 염색하여 서로 이익을 나누어서 피해를 주지 않도록 해야 한다. 그런데 대부분의 사람들은 식견이 부족하여 겸애의 이로움과 별애의 해로움을 알지 못하므로 묵자는 여러 가지 제재를 가하여 서로 사랑하게 하려고 했다.

'천지'와 '명귀'가 묵학 중의 종교적 제재라면 '상동尙同'은 정치적 제재라 할 수 있다. '상동'의 '尙'은 '上'과 통하여 위에서 모범을 취한다는 뜻이다. 이것은 결국 '천지'에 '상동上同'

하는 것을 말하므로 하늘의 뜻이 '상동' 사상의 최고근거가
된다.

묵자는 '상동'을 정치의 근본일 뿐만 아니라 이상적인 정
치조직임을 주장했다. 먼저 그가 이상적으로 생각하는 정치
체계를 보자.

백성들에게 지도자가 없어 천하의 시비의 기준을 하나로 통
일시킬 수 없음으로써 천하가 어지러워진다는 것을 알게 되
었다. 그래서 천하에서 현명하고 훌륭하며 거룩하고 지식이
많으며 분별력이 있고 지혜로운 사람을 선택하여 천자로 세
워 천하의 시비의 기준을 하나로 통일하는 일에 종사하도록
하였다. 천자가 이미 섰어도 오직 그의 귀와 눈이 실지로 보
고 듣는 데 한계가 있어서 홀로는 천하의 시비의 기준을 하나
로 통일하지 못한다. 그러므로 천하에서 뽑아 올린 현명하고
훌륭하며 거룩하고 지식이 많으며 분별력이 있고 지혜로운
사람들 중에서 선택하여 삼공三公의 자리에 앉혀 함께 천하의
시비의 기준을 하나로 통일하는 일에 종사하게 한다. 천자와
삼공이 이미 자리에 앉았으나 천하는 넓고 커서 산림 속이나

먼 고장에 있는 백성들까지도 하나로 통일시킬 수는 없다. 그러므로 천하를 여러 개로 나누어 여러 제후와 임금들을 두어 그 나라의 시비의 기준을 하나로 통일하는 일에 종사하게 한다. 제후들이 이미 섰으나 또 그들의 이목이 실지로 듣고 보는 데에 한계가 있으므로 그 나라의 시비의 기준을 하나로 통일하지 못한다. 그러므로 그 나라의 현명한 사람들을 골라서 공公·경卿·대부大夫의 자리에 앉히고 멀리는 향리鄕里에 이르기까지도 지도자를 두어, 그들과 함께 그 나라의 시비의 기준을 하나로 통일하는 일에 종사케 한다「묵자」, 상동중.

이와 같이 정치구역으로는 천하天下·국國·향鄕·이里의 네 급으로 나누고, 각 급의 정치 지도자로는 천하에 천자를 두고 삼공이 이를 보좌하게 하며, 국에는 국군國君 혹은 제후를 두어 장군, 대부가 이를 보좌하게 하고, 향에는 향장, 이里에는 이장을 두는 것으로 했다.

중국의 고대에는 대부분 군주제도를 채택해 왔고 묵자도 이것에는 이의가 없었다. 군주가 권력을 한 몸에 모아 천하를 통치해야 하는 중요성 때문에 천자는 마땅히 성인이나 현인이 맡아야 한다는 것이 정치사상의 공통전제이다. 그러나 천자를 누가 선택하며 어떤 방식으로 선택하느냐는 문제가 된다. 『묵자』에 이것에 관한 어의語義는 대단히 모호하여 학자들에 따라 천선설과 민선설 등으로 학설이 엇갈려 있다.

『묵자』에서는 상급자가 하급자를 뽑게 되어 있다. 천자는 '천하의 현명하고 훌륭하며 분별력 있는 사람'이 되어야 하지만 그는 반드시 그보다 높은 위치에 있는 하늘의 뜻에 따라야 하기에 천자는 하늘이 뽑는 것으로 생각하지 않을 수 없다.

묵자의 하늘은 우주의 주재자로 인격과 의지와 감정을 가진 절대적 존재다. 그러므로 이러한 하늘이 뽑는 천자는 천하의 인인仁人임이 틀림없으며 그가 하는 일은 백성의 이익에 부합된다. 또 천자는 백성의 이익을 위해 열심히 일해야 백성들의 신임을 얻을 수 있다. 이로 보아 천자는 하늘에 의해 뽑히지만 인민의 사랑과 옹호도 받아야 한다. 그런데 하늘은 추상적인 존재이므로 실제로 선거나 감독을 할 수 없으므로 인간의 손을 빌려 모든 것을 해낸다. 요임금이 순임금을 뽑은 것은 하늘의 안배에 의한 것이며, 하필이면 순을 택한 것은 그가 현명하고 백성들에게 이익을 줄 수 있는 인물이기 때문이다. 그러므로 천의天意와 민의民意는 실로 둘이 아닌 것이다.

천자가 하늘에 의해 뽑히게 된다면 그 이하의 각급 관리들은 어떻게 임명되는가? 천자는 자기 한 사람의 지혜만으로는 도저히 천하를 다스릴 수 없으므로 그 다음가는 어진 이를 가려 삼공의 자리에 앉힌다. 삼공이 또한 자기의 지력만으로는 천자를 충분히 보필할 수 없어 다시 천하를 쪼개어 제후를 세운다. 이렇게 하여 경, 대부, 향장 및 가군家君이 선임된다「묵자」, 상동하. 천자는 천하의 시비의 기준을 하나로 통일하고 위로는 하늘의 뜻에 같이하는 묵자의 '상동' 정치 원칙에 비추어 생각해 본다면, 각급 정치 지도자는 그 하급 지도자를 선발함에 있어서 천자를 제외하고는 모두 그 상급 지도자의 승인을 받아 임명하도록 했을 것이다.

천자와 각급의 정치 지도자가 정해지면 이들은 모두 천하의 이익을 일으키고 해로움을 제거하도록興天下之利, 除天下之害 노력해야 할 것이다. 이러한 목적을 달성하기 위해 묵자는

「상동」편을 통해 치밀한 이론을 전개한다. 묵자가 주장하는 '상동'의 원칙은 다음과 같다.

첫째, 선한 일이나 선하지 못한 일을 듣고 알았을 때는 반드시 상급자에게 보고해야 한다聞見善, 不善必以告其上. 나라와 백성이 잘 다스려지고 잘못 다스려지는 것은 그 정치가 백성들의 실정에 얼마나 잘 맞는지 맞지 않는지에 달려 있으므로 통치자는 백성들의 언행을 잘 살펴서 상선벌악 해야 한다. 백성들의 실정을 살피기 위해 모든 백성들로 하여금 선한 일이나 선하지 못한 일을 듣고 알았을 때는 반드시 상급자에게 보고할 것을 원칙으로 하고 있다『묵자』, 상동상.

둘째, 상급자가 옳다고 하는 것은 모두가 옳다고 해야 하고, 상급자가 그르다고 하는 것은 모두가 그르다고 해야 한다上之所是 必亦是之, 上之所非 必亦非之. 묵자는 당시의 사회가 열 사람이면 열 사람 모두가 각각 다른 자기의 기준을 가지고 다투는 혼란에 빠져 있으므로 천하의 기준을 하나로 통일하고, 백성의 언행을 일치시키고자 했다『묵자』, 상동중.

셋째, 상급자에게 잘못이 있으면 규간하고 하급자에게 선한 일이 있으면 이를 추천해야 한다上有過則規諫之, 下有善則傍薦之.

비록 각급의 정치지도자가 현인이라 하더라고 잘못을 저지를 가능성을 전혀 배제할 수 없으므로 하급자로 하여금 이를 간쟁할 권리를 부여한 것이다. 그러나 만약 하급자가 상급자를 규간했을 때 상급자가 이를 받아들인다면 별 문제가 없겠지만 받아들이지 않는다면 어떻게 하는가? 이럴 경우 그 상급자가 정말 잘못을 저지르고도 고치지 않는다면 잘못을 저지른 상급자는 그 윗계급의 정치지도자로부터 엄정한 처벌을 받게 되었을 것으로 보인다. 그렇지 않으면 규간제도에 아무런 의미가 없기 때문이다. 또한 하급자가 선행을 했을 때는 이를 추천하여 상을 받을 수 있도록 규정하여 선행을 장려하고 있다.

묵자는 세밀하고도 완전하게 짜여진 '상동'의 정치조직을 통해 천자가 상벌권으로 각급의 정치지도자를 장악하고 천하에 군림함으로써 천하의 모든 사상과 예법과 습속 등을 하나로 통일할 수 있다고 주장한다.

그러면 이러한 '상동정치'를 통해 어떤 정치적 효과를 얻을 수 있는가?

첫째, 상하의 뜻이 서로 소통하게 된다. 묵자는 백성들의 실정에 맞는 정치를 중요하게 생각하여, "정치가 백성들의 실정에 맞으면 다스려지고 실정에 맞지 않으면 다스려지지 않는다"「묵자」, 상동하고 했다. 천자는 천하에, 제후와 국군國君은 그 나라에, 향장은 그 향리에, 이장은 그 동리에 각각 정령을 내려 상부의 뜻이 아래로 서민에게까지 이르게 하고 하부의 뜻이 상부에 통하도록 한 것이다「묵자」, 상동중. 다시 말하면 묵자는 건전하고 강력한 소통의 정치를 구현하기 위해서는 천자가 모든 백성의 행동을 직접 파악해야 할 것으로 믿고 '전민정보제도全民情報制度'의 실시를 주장하여 백성 한 사람한 사람이 모두 이 제도의 한 정보원이 되어 가장 신속하고 확실한 정보를 의무적으로 제공하도록 한 것이다.[11]

둘째, 백성들의 도움으로 일마다 성공을 보게 된다. 백성들이 천자에게 동조하면서 또 그 위에 하늘의 뜻에 동조하여 하늘이 싫어하는 일을 피하고 하늘이 하고자 하는 일에 나아가 천하를 이익 되게 하고 천하의 모든 해악을 제거해주면 정치를 함에 있어서 계획대로 안 되는 일이 없이 일마

---

11 孫廣德, 『墨子政治思想硏究』(臺北: 中華書局, 1974), p.100 참조.

다 성공을 보게 되고, 나라를 수비하면 그대로 탄탄해지고, 밖에 나가 적과 싸우면 반드시 이기게 된다. 또한 '상동'의 원칙으로 정치를 하게 되면 천자는 그의 눈과 귀를 돕는 사람이 많아 그만큼 먼 데까지 보고 들을 수 있다.

셋째, 상벌이 공정하게 된다. 묵자는 "같은 형벌을 가지고도 이것을 적절하게 잘 사용하는 사람은 나라를 잘 다스리게 되고, 이것을 잘못 사용하는 사람은 다만 포악한 형을 써서 사람을 죽이는 결과가 된다"「묵자」, 상동중고 말한다. 만약 상하의 시비의 기준이 제각기 다르다면 상으로도 착한 일을 권장할 수 없을 것이요, 형벌로도 악한 짓을 못하게 막을 수 없게 된다. 왜냐하면 실제로 상하의 기준이 같지 않다면 시비와 선악에 대한 개념도 달라질 것이니 위에서 선하다고 상을 내리는 것이 곧 많은 사람들의 비난의 대상이 될 수도 있으며, 위에서 나쁘다고 벌을 내리는 것이 세상에서는 선한 일이라고 칭찬받을 수도 있기 때문이다. 그래서 오직 상급자의 뜻에 동조하는 '상동'의 정치와 시비의 기준을 하나로 통일하는 방침 아래 정치를 하게 되면 백성들이 생각하는 선과 불선이 무엇인가를 분명히 알 수 있으므로 선한 사람을 가려 상을 주고 난폭한 사람을 끌어다 벌을 줄 수 있다. 이와 같이 선한 사람이 상을 받고 난폭한 사람이 벌을 받는다면 나라는 틀림없이 잘 다스려질 것으로 묵자는 믿고 있다.

2. 상현론尚賢論

춘추와 전국시대 사이에는 봉건제도가 붕괴되기 시작하고 사회, 정치가 근본적으로 변화하기 시작했던 때이다. 그러나 묵자 당시에는 아직 귀족정치가 완전히 없어지지 않았다. 이에 묵자는 현능자賢能者에 의한 지배를 구현하는 구체적인 방법을 제시하기 위해 상현론을 설정하였다. 상현론은 철저한 능력위주의 관리선발과 엄격한 고과제를 통한 관리의 통제로 이상적인 인사제도를 확립하고자 한 것으로 묵자 특유의 정치관이 드러난다.

묵자는 국가의 안위치란安危治亂은 통치자의 행위에 달려 있다고 믿고 "오늘날 왕과 제후 및 경과 대부 등 정치하는 사람은 모두가 하나같이 나라를 부유하게 하고, 백성의 수를 늘리며, 나라의 형정刑政이 잘되어 나가기를 원한다"「묵자」, 상현상고 말한다. 그러나 이상과는 반대로 나라 안이 온통 어지럽게 된 까닭은 무엇인가? 묵자는 "고귀한 자리에 있으면서, 더구나 지혜가 풍부한 사람으로서 어리석고 천한 사람을 다스리려면 쉽게 잘 다스려진다. 반대로 어리석고 천한 사람이 고귀하고 지혜로운 사람을 상대로 정치를 하려면 나라 안은 온통 어지러워진다"「묵자」, 상현중라고 말한다. 그러므로 어진 이를 존중하는 것尙賢이 정치의 근본임을 주장한다.

그런데 당시의 왕공대인王公大人들은 정치를 함에 있어 모두 사소한 일에는 밝고 큰일에는 어둡기 때문에 평소의 생활과 언어에 있어서는 모두가 어진 이를 존중하면서도 백성들을 다스림에 있어서는 어진 이를 존중하고 유능한 인재를 등용할 줄 몰랐다. 그 결과 나라는 점점 가난해지고 인구는 줄어만 들고 나라 안은 온통 어지럽기 짝이 없게 되었다.

지금의 임금과 대신들은 한 가지의 의복도 만들 줄 모르므로 반드시 훌륭한 재단사의 힘을 빌리며, 한 마리의 소나 양도 잡을 줄 모르므로 반드시 훌륭한 도축업자의 손을 빌리고 있다. 이와 같은 두 가지 작은 일에 있어서는 임금이나 대신들도 현명한 사람을 숭상하고 능력 있는 사람을 부리어 다스릴 줄을 알고 있다. 그러나 국가의 혼란이나 사직의 위험에 이르러서는 사람을 부리어 그것을 다스릴 줄을 알지 못하고 있다. 그들은 친척들을 등용하고, 공 없이 부귀해진 자와 보기 좋은 얼굴을 지닌 사람들이나 데려다 부리고 있다. 어찌 그들이 반드시 지혜롭고 현명한 사람들이겠는가? 만약 그들로 하여금 국가를 다스리게 한다면 이것은 지혜도 없는 자들로 하여금 나라를 다스리게 하는 것이 된다. 국가의 혼란은 명약관화하다「묵자」, 상현중.

왕공대인의 친척은 귀족을 말하며, 부자와 인물이 잘생겨 왕공대인이 좋아하는 사람은 측근을 말한다. 친척들을 등용하면 귀족정치가 되고 아무런 공도 없이 부귀해진 자와 아부하는 사람들을 등용하면 사인정치私人政治가 된다. 묵자는 평민 출신으로 당시의 귀족정치와 계급제도 하에서 심한 멸시와 압박을 받았던 것으로 보인다. 귀족과 평민의 계급 차이는 엄청나기에 정치뿐만 아니라 경제 및 일상생활에까지 차별이 심했다. 평민들의 갖은 희생 위에 귀족들은 높은 지위와 호화로운 생활을 누렸다. 이러한 불합리한 현상에 크게 불만을 품은 묵자는 귀족정치와 사인정치를 반대하고 현인정치를 주장하게 된 것이다.

그러면 묵자가 말하는 현인이란 어떤 사람인가? 덕행에 독실하고厚乎德行, 변론을 잘하며辯乎言談, 학예에 능통한博乎道術 사람이다. 이런 사람이야말로 반드시 하늘의 뜻에 따라 하늘과 귀신과 백성을 이롭게 할 수 있다는 것이다. 현인의 표준이 이러하다면 상현의 방법은 무엇인가? 묵자가 주장하는 상현의 방법은 현인을 많이 등용하는 것과 적재적소의 임용이다.

묵자는 상현을 위정의 근본으로 생각하고 "나라에 어진 이가 많으면 나라는 저절로 잘 다스려지고 나라에 어진 이가 적으면 나라는 잘 다스려지지 않는다. 그러므로 임금으로서 힘써야 할 일은 어진 이를 많이 모아들이는 일이다"「묵자」, 상현상 라고 했다. 현사賢士의 많고 적음이 국가의 치란과 밀접한 관계가 있기에 통치자는 반드시 중현衆賢의 방법을 익혀 다스려야 한다. 묵자가 주장하는 중현의 방법은 다음과 같다.

가령 어떤 나라에서 활 잘 쏘는 사람과 말달리기 잘하는 사람을 모으려고 한다고 하자. 그러자면 먼저 그런 사람에게 많은 녹祿을 주면서 높은 벼슬자리에 앉혀 부귀를 한꺼번에 누리게 하고, 존경을 다하며 그들의 재주를 칭찬해 줘야 한다. 이렇게 하면 그 소문이 널리 퍼져 사방에서 활쏘기, 말달리기에 능한 사람들이 다투어 몰려올 것이다. 한 가지 재주에 능한 사람도 이토록 후한 대접을 해야 하는데 하물며 덕행이 두텁고 변론을 잘하며 학예에 능통한 어진 이를 대접함에랴. 이들이야말로 나라의 보배요 나라의 일꾼이니 이들을 잘살게 해주고, 고귀한 자리에 앉혀 존경을 다하여 그 공로를 높이 찬양해 주어야 할 것이다. 이렇게 하면 사방에서 소문을 듣고 어진 인사들이 저절로 몰려들어 나라 안은 온통 어진 이로 가득할 것이다「묵자」, 상현상.

묵자는 고대 성왕들이 모두 이와 같은 중현의 방법으로 정치를 했다는 것을 예로 들면서 "우리가 평소에 요·순·우·탕·문·무 등 옛 성왕의 도를 귀중히 여기는 까닭은 어디에 있는가? 그것은 오직 백성들을 다스림에 있어 천하의 착한 사람들로 하여금 좋은 일에 힘쓰게 하고 악한 사람들로 하여금 난폭한 짓을 못하게 막았기 때문이다"「묵자」, 상현하 라고 한다. 묵자가 말하는 성왕들의 중현의 방침은 다음과 같다.

옛 성왕들은 천하를 다스릴 때는 귀천을 막론하고 덕이 있는 사람을 가려 그 사람에 알맞은 지위를 주고 어진 이를 존중하였다. 농부, 장인匠人, 상인 할 것 없이 유능하다면 기용하여 높은 작위를 주고 봉록을 후하게 주며 정사를 맡기되 그가 결단하여 명령할 권한을 주었다「묵자」, 상현상.

이상과 같이 고대 성왕들이 인사를 함에 있어서 도덕성과 전문성을 위주로 할 뿐 귀천과 연고를 따지지 않았다. 이것은 오로지 인재 등용의 기준을 의義에 두고 공평무사의 정신을 발휘했기 때문이다. 묵자는 능력에 따라 현자들의 직위가 정해진 다음에도 '삼본三本', 즉 '높은 작위'와 '풍부한 녹'을 주고 '충분한 권한'을 부여하여 그들의 재능을 한껏 발휘할 수 있게 해야 국리민복을 도모할 수 있다고 주장한다. 이렇게 '삼본'을 세우는 까닭은 지위가 낮으면 백성들이 존경하지 않고, 봉급이 적으면 백성들이 믿지 않고, 나라의 법령이 단호하게 시행되지 않으면 백성들이 두려워하지 않기 때문이다. 현자에게 '삼본'을 부여하는 것은 현자 개인을 특별히 대우하기 위해서가 아니라 국가의 중대한 과업을 완수하여 만민을 이롭게 하기 위해서다.

묵자는 또 현인을 임용함에 있어 철저한 능력본위의 관료 선발과 능력심사를 바탕으로 한 적소배치를 주장했다. 많은 사람이 모두 의를 행하면 나라에 현사賢士가 많게 되어 왕공 대인이 그들을 선택하여 기용하게 되는데 이것이 곧 '사능使能'이다. '사능'이란 현량賢良한 인재를 기용한다는 말로 그의 언행을 자세히 살펴보고 그의 재능을 정확히 검증하여 그에 알맞은 자리를 마련해 준다는 뜻이다. 그래서 묵자는 "나라를 다스릴 능력이 있는 사람에게 나라를 다스리게 하고 장관이 될 만한 사람에게 장관이 되게 하고 한 고을을 다스릴 만한 사람에게 고을을 다스리게 해야 한다. 이렇게 되면 임금으로부터 관청, 고을 등 나라 안 각처에서 일하는 사람들 모두가 제각기 능력을 가진 현자들로 이루어지게 된다"「묵자」

상현중고 했다. 비록 현자라 하더라도 각각 그 현명의 정도가 다르기 때문에 재능이 풍부한 사람이 그보다 적은 재능의 사람에게 통제를 받을 수 없으며 재능이 적은 사람이 재능이 많은 사람의 자리를 차지할 수도 없는 것이기에 그 능력에 따라 기용해야 한다. 만약 그렇게 하지 않으면 어떻게 되는가?

천 사람도 다스릴 능력이 없는 사람을 만 사람을 다스릴 관직에 앉혀 놓으면 일의 부담이 열 배가 된다. 정치를 하자면 날마다 새로운 일이 눈앞에 들이닥쳐 쉼 없이 일을 처리하여도 못다 한다. 그러나 그렇다고 하루가 열 배로 늘어 열흘이 되어 주지는 않는다. 또 사람의 지혜도 능력도 마찬가지다. 아무리 지혜를 다하여 일을 해도 지혜가 갑자기 열 배로 늘어날 리 없다. 그런데 그 지혜에 비하여 열 배나 되는 관직을 맡긴다면 한 가지 일만 처리할 수 있을 뿐 나머지 아홉 가지 일은 못하고 마는 결과를 가져온다. 그래서 밤낮을 계속해서 해봤자 할 일은 여전히 남는다「묵자」, 상현중.

이와 같이 정치를 하는 사람이 현인을 발탁하여 그 능력에 따라 임용하지 않고 친척이나 아부하는 사람만을 기용하게 되면 공무를 10%만 처리할 수 있을 뿐 90%를 못하게 되어 나라가 잘 다스려지지 않는다.

묵자는 또 관리의 공과를 엄정하게 평가하여 그 결과에 따라 상벌을 가해야 한다고 말한다.

성왕의 시대에는 덕이 있는 사람을 높은 지위에 나아가게 하고 관직에 따라 일을 하도록 하며 노고를 보아 상 줄 사람을 결정하고 공적을 헤아려 녹을 나누어 주었다. 그러므로 관리라고 언제까지나 고귀한 자리에 있는 것이 아니고 일반 서민이라도 죽을 때까지 천한 신분으로 있는 것은 아니었다. 누구든지 유능하면 임용되고 무능하면 낮은 자리로 떨어졌다. 공정한 의로움에 따라 등용하되 사사로운 감정은 피하였다「묵자」, 상현상.

이와 같이 공功의 대소에 따라 녹을 나누어 준다는 것은 철저한 능력급을 말한다. 관리들의 승진과 해임에 있어서도 개인의 능력에 따라 결정할 뿐이지 그 출신성분을 일절 따지지 않는다. 이것은 관료선발에 있어서도 사농공상의 계급제도를 타파하고자 하는 매우 진보적인 평등사상으로 묵자 상현사상의 근본정신이 된다.

제6장
『묵자』의 경제사상

　　세상에 이익이 되는 일을 많이 하고 세상에 해로움이 되는 것을 없애는 것이 묵학의 근본 과제이다. 묵자는 "풍년이 들면 백성들이 선량해지지만 흉년이 들면 백성들이 탐욕스럽고 험악해진다"「묵자」, 칠환라고 하면서 백성들의 물질적 이익 증대를 목표로 하여 민생을 해결하고 사회를 안정시키려 했다. 『묵자』에는 「절용」, 「절장」, 「비악」 및 「칠환」, 「사과」, 「경」 편 등에서 경제의 생산·교역·분배·소비의 네 가지 분야가 두루 다루어지고 있는데 소비를 절약해야 한다는 주장이 그 중심이 되고 있다.

1. 생 산

생산이란 경제적인 면에서는 일정한 생산요소나 재화를 결합적으로 사용함으로써 새로운 재화를 획득하는 것을 뜻한다. 그러므로 경제를 논함에 있어서는 생산이 당연히 먼저이며, 재화의 생산은 경제인의 제1과제인 것이다. 묵자는 '부국민리富國民利'를 위하여 생산의 증가를 주장한다.

일반적으로 경제학에서는 토지·노동·자본을 생산의 3요소로 본다. 묵자는 토지와 자본에 대해서는 별 언급이 없으나 노동을 대단히 중요한 요소로 생각하고 신성한 것으로 믿는다. 그는 "일하는 사람은 살 수 있고, 일하지 않는 사람은 살지 못한다賴其力者生, 不賴其力者不生"「묵자」, 비악상라고 주장한다. 인간은 반드시 일을 해서 생산을 해야만 생활을 유지할 수 있고, 그렇지 않으면 살 수 없는 이유를 묵자는 인간이 금수와 다른 점을 통해 설명한다.

사람은 본래 고라니와 사슴 또는 새나 곤충과는 다르다. 날
짐승, 길짐승 즉 고라니와 사슴과 조충들은 모두 날개와 털을

옷으로 하고, 굽과 발톱으로 신발을 삼고, 물과 풀을 먹이로 하고 있다. 그러므로 수컷이라도 밭갈이나 씨 뿌리는 일을 하지 않아도 되고 암컷이라도 실을 뽑아 베 짜는 일을 아니 해도 그들에게는 먹고 입을 것이 모두 갖추어져 있다. 그러나 사람은 이와는 전혀 다르다「묵자」, 비악상.

묵자에게 있어 인간은 다만 노동하는 인간이다. 그에게 노동이란 농부의 밭 갈고 씨 뿌리는 일이나 부녀자들의 베 짜는 일뿐만 아니라 관리들의 정치까지도 모두 포함된다.

묵자는 임금과 대신들도 정치에 있어서 노력을 하면 반드시 다스려지고 노력하지 않으면 반드시 혼란해진다고 여겼기 때문에 팔다리의 있는 힘을 다하고 있는 지혜를 다 짜내어 잠시도 게을리하지 않았다고 말한다. 또 농부나 부녀자들도 노력을 하면 잘살 수 있고 노력하지 않으면 가난하게 되며 노력을 하면 반드시 배가 부르고 노력을 하지 않으면 반드시 배가 고프다고 믿었기 때문에 열심히 일했다는 것이다「묵자」, 비명하. 묵자는 인간의 물질생활은 노동을 바탕으로 성립되는 것이므로 노동이 인간의 가장 기본적인 의무임을 강조한다.

또 노동의 당위성과 그 철저한 수행을 반숙명론의 차원에서 주장한 것은 묵자사상의 특성이다. 선진사상 중 반숙명론을 가장 선명하게 주장한 것이 묵자였다. 역사의 흥망은 물론 개인의 길흉화복 일체를 인간의 노력 여하의 결과로 파악한 묵자의 '비명론非命論'은 철학사적으로도 중요한 의미를 지닌다. 관리들이 운명을 믿게 되면 직무를 게을리할 것이고 서민들이 이것을 믿게 되면 노동을 게을리할 것이다.

이것을 보면 '비명론'이 비록 위정자의 태만을 아울러 경고하고는 있지만 전체적으로는 근로의 중요성을 강조한다. 노동이 인간의 기본적인 생존 요건임을 아무리 강조하여도 숙명론을 타파하지 않으면 효과가 없다는 것을 묵자가 깊이 인식한 결과라 할 수 있다.

그러면 묵자의 이와 같은 노동 중시 사상은 누구에게서 영향을 받았을까? 묵자는 하夏의 우왕의 가르침에 따라야 한다고 주장했다. 묵자가 우왕을 가장 이상적인 군자상君子像으로 제시한 것은 그가 누구보다도 근검 역행하여 민중의 모범이 되고 황하의 대홍수를 수습하여 세상을 구제한 군주이기 때문이다. 그러므로 묵자의 노동 중시 사상의 연원을 우왕에 두는 것은 의심할 여지가 없다.

묵자의 생산론에 있어서의 특이한 점은 그가 분업을 대단히 중시하여 상세한 이론을 확립했다는 것이다. 묵자는 "세상의 모든 기술자, 예컨대 수레를 만드는 사람, 가죽을 다루는 사람, 옹기장이 그리고 온갖 목공으로 하여금 그들의 능통한 부문에 종사하게 해야 한다"「묵자」, 절용중라고 했다. 사람들은 마땅히 일을 해야 하나 사람마다 각기 천부적인 소질과 능력이 다르므로 각각의 재능에 따라 알맞은 일을 하는 것이 능률적이다. 그런데 묵자가 노동을 중시하지만 농가의 허행許行처럼 육체노동만을 중시하는 것이 아니기에 그에 있어서는 육체노동자와 정신노동자는 차별 없이 다루어진다. 즉, 임금이나 관리들이 직무를 수행하는 것은 정신노동에 속하고 농부들의 농사는 육체노동에 속한다.

고전경제학의 시조인 애덤 스미스1723~1790는 그의 『국부론』에서 "노동 생산력의 최대의 증진 및 노동의 숙련, 기교, 판단의 대부분은 분업의 결과 발생한 것으로 생각된다"[12]고 하였다. 그가 말하는 분업은 직업의 분화를 뜻하는 사회적 분업뿐만 아니라 단순한 작업의 분할도 포함한다. 그런데 애덤 스미스보다 2200여 년이나 전에 이미 묵자도 이리한 두 가지 의미의 분업의 중요성을 주장했던 것이다. 묵자는 앞에서 살펴본 직업의 분화를 말하는 사회적 분업 외에 작업의 분할을 통한 분업으로 생산의 확대와 능률의 증진을 꾀하려 한다. 그는 담장 쌓는 일을 예로 들어 말하기를, "흙을 다지는 데 능한 사람은 흙을 굳게 다지고, 흙덩이를 나르는 데 능한 사람은 흙덩이를 부지런히 져다 나르고, 측량에 능한 사람은 측량을 바르게 해야 비로소 담장이 이루어진다"「묵자」, 경주고 했다. 이것은 비록 담장 쌓는 일과 같이 단순한 작업이라 하더라도 한 사람이 모두 맡아서 하는 것보다 몇 사람이 나누어 맡아서 하는 것이 훨씬 빠르고 효율적이라는 것을 주장하려 하는 것이다. 이러한 묵자의 분업론은 직업의 분화만을 말하는 플라톤이나 맹자에 비해서도 훨씬 앞서 있는 경제사상이다.

묵자사상에 있어서의 시간은, 특히 노동계급의 생산과 중

---

12 Adam Smith, *Wealth of Nations*, 朴基赫 역, 『經濟學史』(法文社, 1981), p.110 에서 재인용.

요한 관계를 갖고 있다. 묵자는 시간의 의미를 두 가지로 나누어 그의 경제사상에 적용하고 있다.

첫째는 생산에 있어서 그 시기를 잘 맞추어야 한다. 무릇 재물의 생산과 시기와는 밀접한 관계가 있는 것이지만 농업 생산에 있어서는 계절에 맞추어 경작하고 수확하는 것이 더욱 중요하다. 만약 작물 경작에 있어 적당한 시기를 놓치면 그 수확량이 줄어들 것이다. 옷감을 짜는 데 있어서도 사람들이 계절에 따라 필요로 하는 옷을 제때에 맞추어 생산하지 못하면 생산하지 않은 것이나 다름이 없다. 따라서 시기에 맞추어 생산한다는 것은 결과적으로 생산을 증가시키는 일이며 생산품의 효용을 높이는 일이기도 하다「묵자」, 칠환.

둘째로 시간을 아껴야 한다. 시간이 생산의 중요 조건이기에 시간을 잘 운용하고 또 시간을 아껴야 한다. "시간은 돈이다"라는 격언의 의미를 묵자는 가장 잘 알고 있는 것 같다. 오늘날 산업 사회에서는 시간의 중요성을 모르는 사람이 없겠지만 고대 농업 사회에서는 소수인을 제외하고는 대부분 시간관념이 별로 없었다. 그러므로 묵자는 사람들의 게으르고 해이한 정신상태를 항상 꾸짖고 일시일각一時一刻이라도 놓치지 말고 열심히 일할 것을 강조하는 한편 그 자신도 머리 꼭대기로부터 발꿈치에 이르기까지 온 몸이 닳고 앉은 자리가 따스해질 겨를도 없이 열심히 행동하고 일했던 것이다. 또한 그가 음악을 반대하고 후장厚葬·구상久喪을 반대하는 이유는 물자의 절약 때문이기도 하지만 그것 때문에 시간을 낭비하게 되어 생산에 방해가 되기 때문이다. 특히 구상은 많은 시간을 낭비하게 된다. 유가의 상례는 임금·부모·아내·맏아들이 죽으면 모두 3년의 상喪을 치르며, 백부·숙부·형제·아들이 죽으면 모두 1년의 상을 치러야 한다「묵자」, 절장하. 이렇게 보면 몇십 년밖에 안 되는 인생의 대부분을 상을 치르며 보내야 한다. 그러면 언제 일을 할 시간이 있겠는가. 그러므로 묵자는 더욱 구상을 반대하고 단상短喪을 주장하는 것이다.

묵자는 또 인구의 증가를 강조했다. 대개 고대에는 일체의 생산을 거의 인력에 의지하고 있었기 때문에 인구의 증가는 곧 생산력의 증가요, 인구의 감소는 곧 생산력의 감소였다. 더욱이 묵자가 살던 시대는 중국의 농업이 아직 초기의 단계이고 땅은 넓으나 인구는 적어 무엇보다 인구의 증가가 시급했던 것이다.

그러면 인구를 증가시키는 방법은 어떠한가? 묵자는 다음의 네 가지 방법을 주장한다.

첫째, 조혼을 해야 한다. 묵자는 인구증가의 적극적인 방법으로 남자는 20세, 여자는 15세가 되면 결혼해야 한다고 주장한다「묵자」, 절용상.

둘째, 비첩을 줄여야 한다. 한 사람이 여러 명의 첩을 갖게 되면 남자가 남자의 도리를 다할 수 없게 되니 그 첩으로 된 여자는 남편이 없는 것과 다름이 없다. 그뿐만 아니라 다른 남자가 아내로 취해서 자식을 낳을 기회도 박탈하는 경우가 되어 인구증가에 영향을 미치게 된다. 묵자는 축첩을 절대 반대하는 것은 아니지만 인구의 증가를 위해서는 절제하여 비첩의 수를 줄여야 한다고 주장한다「묵자」, 사과.

셋째, 전쟁을 하지 않아야 한다. 전쟁은 직접적으로도 인구의 감소를 가져올 뿐만 아니라 간접적으로 출산에 영향을 미치기에 묵자는 인구의 감소를 막기 위해서도 전쟁을 반대한다「묵자」, 절용상.

넷째 단상短喪을 실시해야 한다. 유가의 상례대로 구상久喪

을 하게 된다면 몸이 허약해져 병들어 죽는 사람이 많아지고 남녀의 관계를 맺지 못해 인구가 줄어들기 마련이기 때문이다「묵자」, 절장하.

이 밖에도 묵자는 "정치를 담당하는 사람들이 백성을 너무 심하게 부리고, 터무니없이 세금을 많이 매기니 백성들은 먹고 입는 것이 모자라 결국에는 얼어 죽고 굶어 죽는 사람이 수도 없이 많아진다"「묵자」, 절용상라고 하여 가렴과 학정을 인구 감소의 요인으로 꼽고 정치 담당자들이 절검하고 애민할 것을 주장하고 있다.

2. 분배

일반 경제학에서 말하는 분배는 개개인이 생산물을 사회적 법칙에 따라 나누는 것으로 토지 소유자는 지대地代, 자본가는 이윤, 노동자는 노임, 이렇게 각자가 생산에 참여한 비율에 따라 소득을 손에 넣는 일을 가리킨다. 그러나 묵자의 경제사상에서 의미하는 분배는 상식적으로 말하는 재물과 노동의 분배를 가리킨다.

묵자는 "아직 천자나 제후와 같은 통치자가 없던 시대에는 천하의 모든 사람이 제각기 주장을 달리하며 서로 헐뜯고 비난하게 되어 부자·형제 간도 갈라서게 되는 등 세상이 온통 어지럽게 되었다. 일하고 남는 힘이 있어도 약한 사람을 도우려 않고, 남는 재물을 썩히면서도 필요한 사람에게 나누어 주는 일이 없으며, 도를 지닌 사람은 그 좋은 도를 감추어 남을 가르쳐 선도하려 않으니 마치 금수의 세계나 다를 것이 없었다"「묵자」, 상동상고 했다. 묵자 당시에도 사회의 경제적인 부가 균형을 이루지 못해 묵자는 이 불균형을 없애기 위해 다음과 같은 노동과 재물의 합리적인 분배를 주장한다. 즉, 힘이 있는 사람은 힘으로 다른 사람을 돕고有力相營, 재물이 많은 사람은 재물을 다른 사람과 나누어야 한다有財相分"고 말한다「묵자」, 천지중.

그런데 묵자는 분배의 방법에 있어서 재물이 있는 사람과 힘이 있는 사람이 개인적인 차원에서 그 재물과 힘을 직접 가난하고 힘이 약한 사람에게 나누어 줄 것을 주장할 뿐만 아니라, 오늘날 사회정책하의 분배 방법과 같은 국가적인 차원에서의 분배 방법도 생각했던 것으로 보인다. 그는 인민의 기본생활을 파괴할 정도의 지나친 조세는 반대하면서도 전체 백성의 복리를 위한 사업에 필요한 경비를 확보하기 위한 조세의 정당성은 강조하였기 때문이다.

3. 소비절약

사마천은 절용이 묵자사상의 대표적인 것으로 꼽고 있으며, 제자백가의 분류를 맨 처음으로 시도한 사마담司馬談 역시 절용정신이 묵자사상의 특색이며 장점으로 그 누구도 따를 수 없는 것으로 적고 있다. 「사기」, 육가요지

묵자가 절약을 중시하는 이유는, 인간이 추구하는 여러 가지 욕망의 향수를 근본적으로 부정하여 각박한 생활을 하도록 가르치는 것이 아니다. 끊이지 않는 전쟁의 참화와 소모로 그 당시의 경제사정이 극히 어려운데도 불구하고 귀족들의 사치와 낭비는 그 극에 이르렀다. 이에 반해 백성들은 생존에 필요한 최저의 생활을 유지하는 것도 어렵기에 인간으로서의 최저생활을 보장토록 하기 위함이다.

묵자는 지도자와 귀족들에게 사치와 낭비의 폐습을 버림

으로써 국가와 천하의 부를 증가시키는 데 이바지할 것을 가르친다.

성인이 한 나라의 정치를 하면 그 나라의 부를 배로 늘릴 수 있다. 그것을 확대하여 천하의 정치를 맡으면 천하의 부를 배로 늘릴 수 있다. 그가 부를 배로 늘리는 것은 밖에서 땅을 빼앗아다가 늘리는 것이 아니다. 그 국가의 사정에 따라 쓸 데없는 비용을 없앰으로써 두 배로 부를 늘리는 것이다「묵자」. 절용상.

국가의 부를 증가시키려면 다른 나라를 침략하거나 병탄하여 땅을 확장할 필요 없이 낭비를 막고 소비를 절약하면 된다는 것이다. 그러면 어떻게 하면 절약할 수 있는가? 이에 대해 묵자는 두 가지 원칙을 세웠다.

첫째, 모든 것은 백성의 소용에 부족함이 없도록 공급이 되면 그것으로 그친다. 묵자는 인류의 욕망은 생명을 유지하는 데 필요한 최저한도를 표준으로 해야 함이 마땅하다고 생각했다. 만약 이러한 한도를 초과한다면 그것은 모두 생활의 필수품이 아니라 사치품이 된다. 그는 의·식·주 등에서 모든 사람이 지켜야 할 절용생활의 표준을 다음과 같이 정했다.

① 음식은 오로지 허기진 배를 채워 기운을 계속 유지하며 신체를 건강하게 하여 이목을 총명하게 할 수 있으면 된다「묵자」, 절용중.

② 옷을 입는 목적은 몸에 맞고 추울 때는 따뜻하도록, 더울 때는 시원하도록 사람의 피부를 잘 보호해 주는 것이다. 아름다운 모양으로 꾸미고서 다른 사람 앞에 자랑해 보이고자 하는 것이 아니다. 그러므로 옷이란 실용적이면 되지 보기에 좋을 필요는 없다「묵자」, 사과.

③ 집은 겨울에는 바람과 추위를 막을 수 있고 여름에는 비와 더위를 막을 수 있을 만큼 튼튼하게 지으면 된다. 또 남녀의 예를 차릴 수 있고 도둑을 막을 수 있을 만큼 실용적이면 그만이지 실제의 이익에 벗어나는 사치스런 것은 일절 필요로 하지 않는다「묵자」, 사과.

④ 배와 수레는 교통수단으로서 짐을 운반하고 먼 길을

가기 위해서 만든다. 그러므로 교통을 편리하게 하기 위한 배와 수레는 단단하고 가볍고 쓰기에 편리하면 그만이지 아름다운 무늬와 장식은 필요로 하지 않는다「묵자」, 절용상.

⑤ 임금은 감정을 절제하여 그 행실에 흠이 없게 해야 하며, 수천 수백의 비첩을 궁중에 두어 홀로 사는 남녀가 생기는 일이 없도록 해야 한다. 남녀관계의 정은 천지자연의 정으로서 옛 성왕이 살아 있다 해도 고쳐 놓을 수 없는 것이다. 따라서 전쟁이나 노역으로 남녀가 오래도록 서로 만나지 못하게 해서도 안 되며, 나이가 차면 곧 결혼하도록 해야 한다. 이렇게 해야만 인구를 늘릴 수 있다「묵자」, 사과.

⑥ 칼은 사나운 짐승을 막을 수 있을 만큼 날카롭고 단단하면 되고, 갑옷은 입어서 가볍고 찢어지지 않을 만큼 튼튼하면 되는 것이지 화려한 장식으로 낭비해서는 안 된다「묵자」, 절용중.

이상과 같은 절용생활의 표준은 모두가 가장 기본적인 생활 필수조건을 바탕으로 한 것으로 이 표준을 초과하면 결코 옛 성왕의 법도가 아닌 사치와 낭비가 되어 국가와 천하에 해만 될 뿐 아무런 이익을 주지 못한다는 것이다.

둘째, 백성들에게 이익을 더해 주는 일이 아니라면 비용을 일절 쓰지 않는다. 묵자는 재물·정력·시간을 사용함에 있어서는 유리한 효과를 얻을 수 있어야 한다고 생각한다. 예를 들어 건강을 위한 음료는 체력을 증가시키므로 노동자에게는 마땅히 사용해야 한다. 그러나 후한 장례와 오랜 상기는 재물을 낭비하고 신체를 훼손시켜 근로를 방해하고 생산을 감소시키는 것이다. 그러므로 이런 것은 반드시 절제해야 한다는 것이다.

묵자는 이상과 같은 절약의 두 가지 원칙에 바탕을 두고 일상생활·상장喪葬·예술의 3방면에 대하여 각각 '절용節用'·'절장節葬'·'비악非樂'의 저작과 주장을 했다.

묵자의 이러한 절용사상에 대해 순자는, "묵자의 말은 뻔한 것이다. 그는 세상을 위하여 물자가 부족하게 될까 걱정하고 있는데 물자가 부족하게 될 것이란 걱정은 온 천하의 걱정이 아니라 다만 묵자 혼자만의 지나친 생각일 따름이다"「순자」, 부국라고 한다. 그러나 순자의 이러한 비판은 옳지 않다. 그것은 묵자가 세상을 위하여 걱정한 것처럼 오늘날 세계는 이미 자원난을 겪고 있기 때문이다. 함부로 낭비하여 천하에 물자가 점점 부족하게 되면 한정된 물자를 서로 가지려고 국가는 전쟁을 일으키게 되고, 헐벗고 굶주린 백성들의 마음은 탐욕스럽고 험악하게 된다. 그러므로 이러한 절용의 호소는 진실로 묵자의 구세 정신의 자연적 발로라고 할 수 있다.

4. 간소한 장례

묵자는 당시의 통치자들이나 귀족들이 행하던 후한 장례厚葬와 오랜 상기久喪에 반대하여 간소한 장례와 짧은 상기를 주장한다. 후장·구상은 유가에서 제창한 것이다. 그러나 공자는 일찍이 상례에 있어서 검약을 주장한 바 있다. 후장·구상의 예는 주대의 산물이다. 춘추전국시대에 이르러서 부패한 유자들의 사치와 낭비는 극심해서 심지어 살아 있는 사람을 죽은 사람과 함께 순장한 사례도 있다. 본래의 유가는 사치와 낭비를 반대하고 오히려 검박과 절약을 주장했다. 그런데도 도덕적 가치를 중시하기에 후장·구상의 원칙을 긍정하였다. 이에 대해 유가의 대다수의 예규를 반대한 묵자는 특히 후장·구상의 예규는 생산 및 민생에 해를 끼치는 것이므로 극력 반대한다. 개인과 국가를 가난하게 하고 혼란스럽게 하므로 비록 경제적 능력이 허락된다 하더라도 용납할 수 없다는 것이다.

묵자는 생산을 증가하여 부유케 하는 것富實과 인구를 늘리는 것衆寡, 그리고 혼란스러운 것을 다스려 안정되게 하는 것治亂, 이 세 가지는 국가와 천하를 이롭게 하는 것으로 '삼리三利'라 한다. 묵자는 '삼리'를 준칙으로 하여 후장·구상의 폐해를 「절장하」편에서 다음의 다섯 가지로 나누어 설명한다.

첫째, 국가를 가난하게 만든다. 왕공대인들이 죽으면 관곽棺槨을 두껍게 하고 죽은 사람에게 입히는 옷을 많이 하며 널은 무늬와 수를 놓아 꾸미고 많은 보물을 무덤에 넣어 주느라 창고를 몽땅 털게 된다. 서민층에서 초상이 났을 경우엔 집안 재산을 탕진하게 된다. 또한 3년이나 되는 긴 세월을 상기로 한다면 농부·공인工人·부녀들은 모두 그들의 맡은 바 임무를 수행할 수 없게 되어 국가경제에 크나큰 영향을 준다.

둘째, 인구를 줄게 한다. 제후가 죽었을 경우엔 순사자殉死
者의 수가 수백 명이나 수십 명이 되고 장군이나 대부가 죽
어도 순사자가 수십 명이 되니 인구가 줄어들지 않을 수 없
다. 구상을 하게 되면 다른 사람의 부축을 받아야 일어설 수
있을 정도로 허약해져서 병에 걸려 죽는 이가 수도 없이 많
으니 인구가 줄어들게 된다. 또한 상례를 지키다 보면 부부
간의 성관계가 오랫동안 적어질 수밖에 없으므로 인구가 줄
어들게 마련이다.

셋째, 국가의 질서를 문란하게 한다. 후장과 구상을 윗사
람이 실천한다면 국사를 돌볼 수 없을 것이고 아랫사람들이
이것을 실천한다면 어느 누구도 맡은 바 업무를 수행할 수
없을 것이다. 이렇게 되면 먹고 입는 데 쓸 재물이 부족하게
되어 서로 난폭한 짓으로 도둑질만 일삼게 되어 국가의 안
정을 기대할 수 없게 된다.

넷째, 강국으로부터의 침략을 막을 수 없게 된다. 후장·
구상의 결과로 나라가 가난하게 되고 인구가 줄어들게 되며
국가의 질서가 문란하게 되면, 재화가 부족하고 성곽을 튼
튼하게 지킬 수 없으며 상하 모두가 화합하지 못하게 된다.

이런 어려운 상황은 다른 나라로 하여금 침략의 야심을 불러일으키게 하여 전쟁이 일어나게 되고 이러한 전쟁에서는 도저히 방어할 수가 없다.

다섯째, 하늘과 귀신으로 하여금 벌을 내리게 한다. 후장·구상으로 말미암아 경제가 어려워지고 인구가 줄어들고 나라가 혼란하게 되면 하늘과 귀신에게 올릴 제물이 적고, 깨끗할 수가 없다. 그뿐만 아니라 제사에 게을러져 정해진 제일을 지킬 수가 없게 된다. 이렇게 되면 하늘과 귀신은 재앙과 벌을 내린다.

이상 다섯 가지의 후장·구상으로 인한 큰 폐해는 천하 만민을 이롭지 못하게 하는 것으로, 묵자의 독특한 실질논증법인 '삼표법'의 '국가와 백성의 이익에 비추어 볼 때'에 어긋나는 것이다. 또 후장·구상은 '삼표법'의 '옛 성왕의 일에 근본을 두는' 기준에도 어긋난다. 요·순·우 세 성왕은 후장·구상을 하지 않고 모두가 박장薄葬·단상短喪의 상규를 만들고 스스로가 이것을 지켰기 때문이다.

옛날 요임금은 북쪽에서 팔적八狄을 가르치고 돌아오다 길에서 죽었다. 공산龔山의 음지에 장사를 지냈는데 수의는 세 벌로 하고 잡목의 관을 칡으로 묶었다. 하관을 하고 나서 곡을 하고, 구덩이를 흙으로 메웠을 뿐 봉분은 없이 했다「묵자」, 절장하.

이것은 당시의 후장·구상을 주장하는 유자들이 "후장·구상은 가난을 부유하게 하고 인구를 늘리며 혼란을 다스릴 수 있는 것은 아니지만, 예부터 내려오는 성왕의 법임에는 틀림없다"「묵자」, 절장하라고 말한 데 대해서 그렇지 않다는 것을 입증하기 위한 것이다. 또한 묵자는 후장·구상이 성왕의 도가 아닐 뿐만 아니라 이것은 삼대의 폭군이 지어낸 것이라 주장한다. 이와 같이 후장·구상은 백성을 위해서나 국가를 위해서도 불리하며 성왕의 도에도 어긋나기 때문에 묵자는 이를 반대한 것이다.

그러면 묵자는 상례와 장례의 제도를 어떻게 해야 절약할 수 있는 것으로 생각했는가? 묵자는 후장·구상이 옛 성왕의 법이 아닌데도 군자들이 이것을 고치지 않고 실행하고 있는 것은 한갓 습관에 젖어 있기 때문에 이러한 습관으로 인한 풍속은 고칠 수 없는 것이 아니라고 생각했다. 그는 다음과 같이 새로운 상례와 장례의 표준을 세웠다.

관의 두께는 세 치면 뼈가 썩기까지 넉넉하고 의복은 세 벌이
면 살이 썩기까지 넉넉하다. 무덤의 깊이는 밑으로는 물기가
오르지 않을 정도면 되고 위로는 냄새가 새어 나오지 않으면
된다. 또 봉분은 산소를 알아볼 수 있을 정도면 된다. 고인을
위하여 슬퍼하는 것도 갈 적에 곡하고 올 적에 곡하면 그만이
다. 일단 집으로 돌아와서는 곧 먹고 입을 재물을 생산하는
일에 힘쓸 것이며 제사를 끊이지 않도록 하여 어버이에게 효
도를 극진히 해야 한다「묵자」, 절장하.

또한 묵자는 3개월의 단상을 주장했다 이것은 공맹자와
묵자의 다음 대화를 통해서 알 수 있다.

공맹자가 말하기를 "선생은 삼년상을 비난하지만 그렇다면
선생이 주장하신 3개월 상喪도 그릅니다"고 하니 묵자가 "당
신은 삼년상을 주장하면서 3개월 상을 비난하니 이것은 마치
벌거숭이가 옷을 걷은 사람을 보고 조심성이 없다고 하는 것

과 같소"라고 했다「묵자」, 공맹.

유가에서는 경제적 조건이 허락된다면 그 정을 참작하여 후장도 허용하고 친근하거나 존귀한 사람에 대해서는 그 상기를 길게 할 수 있도록 했다. 그러나 묵자는 경제적 조건이 허락된다 하더라도 죽은 사람을 위하여 재물을 낭비한다는 것은 부당하다고 생각하여 절장할 것을 주장했다. 그는 또 비록 친근하고 존귀한 사람일지라도 그 상기는 똑같이 단축해야 함이 마땅하다고 생각했다. 이와 같이 묵자는 비록 친근하거나 존귀하거나 부자라 하더라도 재물을 낭비하여 후장·구상하는 것은 합리적이지 못하다고 함으로써 묵자의 절장사상 가운데는 평등정신이 내포되어 있음을 알 수도 있다.

5. 음악 비판

묵자의 '비악非樂'도 역시 그의 절약사상에서 나온 것이다. '비악'의 '악'은 본래 인간의 정신적 감수물로서 경제사상과는 직접적인 관계가 없다. 그러나 음악에 쓰이는 악기나 복장 및 음악을 즐기는 데 필요한 정력·금전·시간 등이 생산을 저해한다고 생각할 때 이것들은 경제 및 절약과 관계가 있는 것이다. 그러므로 묵자의 경제사상을 논함에 있어서 낭비를 말자는 주장의 일환인 '비악'을 빼놓을 수 없다.

주대 문화의 핵심이었던 예악은 춘추시대에 이르러 예악의 본래 정신은 점점 사라지고 형식적인 것에만 치중하게 되었다. 그래서 공자도 "예라고 하는 것이 구슬이나 비단만을 말하겠느냐. 또 음악이란 것이 종이나 북만을 말하겠느냐"「논어」, 양화라고 하고 "사람이 어질지 못하면 예는 무엇할 것이며, 사람이 어질지 못하면 음악은 무엇할 것인가"「논어」, 팔일라고 하여 당시 사람들의 참월함을 개탄하였다.

묵자의 시대에 이르러서는 특히 귀족과 지도자들이 밤새워 술을 마시고 음란한 음악을 즐기며 사치와 낭비를 일삼아 사회의 풍속을 해치는가 하면 끝내는 이런 행태가 나라를 망치는 원인이 되기도 했다. 이에 묵자는 음악을 반대하는 '비악'을 주장하게 된 것이다. 음악을 지나치게 좋아함으로써 나라를 망하게 한 역사적 예로 묵자는 삼대의 폭군인 걸·주·유·여 왕을 들고 있다. 이들은 음악과 춤을 지나치게 좋아함으로써 사치와 낭비를 일삼고 생산에 힘쓰지 아니하여 나라를 점점 쇠약하게 만들고 끝내는 나라가 망하도록 했다는 것이다「묵자」, 공맹.

그런데 묵자는 이러한 음악에 대하여 절제할 것만을 주장한 것이 아니라 "천하의 사군자들이 진정으로 천하의 이익을 일으키고 천하의 모든 해악을 없애고자 한다면 음악이라고 하는 것은 장차 금지하지 않으면 안 된다"「묵자」, 비악상고 했다. 그는 '비악'의 이유를 첫째로 '삼표법'에 따라 음악이 옛 성왕의 일에 어긋나는 것이며, 둘째로 백성들의 이익에 들어맞지 않기 때문이라고 한다. 그 이유를 구체적으로 보기로 하자.

첫째, 음악은 옛 성왕의 일에 어긋난다. 옛 성왕의 책에 음악을 금지할 것을 사람들에게 가르치고 있다. 이것을 어겼을 때는 벌을 주거나 재앙을 내리며 그 집안을 파괴하고 그 나라를 패망케 한다는 것이다「묵자」, 비악상.

둘째, 음악은 백성들의 이익에 들어맞지 않는다. 음악을 연주하기 위해서는 많은 악기가 필요한데 이러한 악기를 만들게 되면 백성들의 재산을 축나게 만들어 백성들을 가난하게 할 뿐이다. 또 음악을 연주하는 사람은 눈도 밝고 귀도 밝으며 팔다리의 힘이 센 건장한 사람이어야 하는데 이들이 음악을 연주하는 데 동원되면 농사와 길쌈 일을 못 하게 된다. 그러므로 음악이란 인력을 낭비할 뿐만 아니라 생산을 방해하는 것이 된다. 그리고 지도자와 귀족들은 반드시 다른 사람들과 어울려 음악을 듣고자 원한다. 이렇게 되면 음악을 듣는 모든 사람도 그동안 맡은 일을 못 하게 될 것이다. 그러므로 음악을 한다는 것은 많은 사람들의 시간을 낭비하는 일이 된다. 이 밖에도 음악은 나라의 혼란함을 막을 수 없다. 종을 치고 북을 두드리며 거문고를 타는 일들이 백성들의 의식을 해결해 줄 수 있는 것이 아니며 어지러운 세상을 바로잡을 수 있는 것도 아니다. 그러므로 실리적인 입장에서 볼 때 음악은 다만 낭비일 뿐 백성들의 고통과 국난을 해결하는 데 아무런 도움이 되지 않는다「묵자」, 비악상.

이상에서 본 바와 같이 묵자는 음악을 하는 것이 옛 성왕의 일에 어긋나는 것이며 백성들의 이익에 들어맞지 않기 때문에 반대하고 근본적으로는 없애버릴 것을 주장한다.

유가에서는 음악은 곧 인간의 착한 마음을 일으키게 할 뿐만 아니라 덕성을 기르며 성정을 도야하여 사회를 화목하게 하고 풍속을 바꿔서 천하가 평안하도록 한다고 본다. 공자가 "시로써 감흥을 일으키고 예로써 행동규준을 세우고 음악으로써 자기를 완성시킨다"「논어」, 태백고 한 것을 봐도 유가가 음악을 얼마나 중시했는가를 알 수 있다.

그러나 묵자의 '비악'은 유가와 상반된다. 그래서 순자는, 음악은 인정에 순응하여 인성을 조화하여 인간과 인간 사이에 조화를 가져오게 하는 데 꼭 필요한 것인데 묵자의 비악론은 가리워진 것이 너무도 심하다는 것이다. 즉, 순자는 묵자를 비평하여 "묵자는 실용에 눈이 가리워 문화를 모른다"「순자」, 해폐고 말한다.

묵자는 현실적인 이익에 급급하여, 음악이 인간의 덕성을 함양하고 지혜를 증진시키며 긴장을 풀 수 있게 하여 능률을 올릴 수 있다는 초현실적인 도덕가치의 이익에 대해서는 생각을 미룬 것 같다. 이 점은 묵자 실리주의 사상의 결점이라 할 수 있는 것으로 량치차오梁啓超도 "묵자의 실리주의가 원래 대단히 좋기는 하나 애석하게도 그 범위가 너무

좁아서 오로지 의무생활만이 있고 취미생활은 없게 된다. 이것이 바로 묵학이 실패한 가장 중요한 원인이다"[13]라고 한 것이다. 그러나 묵자가 음악의 심미성을 인식하지 못했거나 무시한 것은 아니다. 「삼변三辯」편에서 보듯이 음악의 필요성에 대해서는 부정하고 있지 않다. 다만 음악의 남용으로 인한 피해가 너무도 심하기에 몹시 걱정한 나머지 '비악'을 주장한 것이다. 그러므로 묵자가 근로자들에게까지도 음악을 하지 말도록 한 것은 아니다. '비악'은 평민의 입장에서 귀족에 대한 질책으로 볼 수 있다.

13 梁啓超, 앞의 책, p.45.

제7장

『묵자』의 교육사상

묵자 역시 고대 유가의 사상가들과 마찬가지로 교육의 효과를 중시하여 '상설하교上說下敎'의 방식으로 자기의 경세의 이상을 실현하려 노력했다. 그는 도를 지닌 사람이 훌륭한 도를 숨기어 두고서 서로 가르치고 깨우쳐 주지 않는 것을 비판하고 반대한다. 왜냐하면 도로써 천하를 교육하는 것이 그 효과 역시 크기 때문이라는 공리주의적 관점에서이다. 묵자가 교육을 중시했을 뿐 아니라 그 자신이 실천적인 교육가였다는 사실은 『여씨춘추』에 "공자와 묵자의 제자의 무리들이 천하에 가득 차 있다"유도편고 한 말을 통해서도 알 수 있다.

1. 교육의 필요성

대체로 유가가 훌륭한 인간됨을 위해서 교육이 필요하다고 주장하는 데 비해 묵자는 겸애의 이상적인 사회를 만들기 위한 수단으로서 교육의 필요성을 강조한다.

묵자가 말하기를 "일찍이 생각해 본 일이 있는데 내가 농사를 지어 세상 사람들을 먹이려고 한다면 아무리 열심히 해야 겨우 한 사람의 수확밖에는 안 되니 이것을 세상 사람들에게 나눈다면 한 사람 앞에 한 되의 곡식도 돌아갈 수 없습니다. 설령 한 되씩 돌아간다 하더라도 그것으로는 도저히 굶주린 사람들의 배를 채울 수가 없다는 것을 알았습니다. … 그래서 나는 옛 성왕의 도를 배워 그 진리를 찾고 성인의 말씀에 통달하여 그 의미를 깨달아 위로는 왕공대인을 설득하고 아래로는 일반 서민들을 계몽하는 것이 낫다고 생각했습니다. 왕공대인들이 내 말을 받아들이기만 한다면 나라는 반드시 잘 다스려질 것이고 일반 서민들이 또한 내 말을 행하면 그들의 행실이 반드시 닦이어질 것입니다. 그러므로 내가 비록 농사를 지어 굶주린 사람들을 먹이지 않고 베를 짜서 추운 사람들을 입히지 않는다 하더라도 그 효과는 몸소 농사를 지어 먹이고 베를 짜서 입히는 것보다 훨씬 크다고 생각합니다"「묵자」, 노문.

위에서 보는 바와 같이 혼자서 묵묵히 농사를 짓거나 베를 짜서 나라를 위해 일한다는 것은 그 한 사람의 의로운 삶에 그칠 뿐 묵자가 추구하는 천하의 이익을 일으키고 천하의 해를 제거하고자 하는 이상에는 미치지 못한다. 그러므로 의를 먼저 터득한 사람은 의를 모르는 사람들에게 의를 가르쳐야 그가 바라는 이상적인 사회를 만들 수 있다. 즉, 의를 혼자서만 행하는 것보다 의를 많은 사람들에게 가르치는 것이 이상적인 사회를 만들기 위한 효과적인 방법이 된다. 그러므로 묵자는 이렇게 묻는다. "만약 세상 사람들이 농사지을 줄 모른다고 가정할 때, 사람들에게 농사짓는 방법을 가르쳐 주는 것과 농사짓는 방법을 가르쳐 주지 않고 혼자 농사짓는 것과는 그 효과가 어느 쪽이 많겠습니까?"「묵자」, 노문. 물론 농사짓는 방법을 가르쳐 주는 것이 더욱 효과적이다.

마찬가지로 묵자는 이렇게 말한다. "세상의 일반 서민들은 의로움을 아는 이가 적다. 그러니 세상에 의로움을 가르치는 사람은 역시 공이 많을 것이다. 그런데 어찌하여 말하지 않겠는가? 만약 북을 쳐서 의로움으로 나아가게 한다면 곧 나의 의로움도 어찌 발전하지 않겠는가?"「묵자」, 노문.

묵자의 중요한 사명의 하나는 의義의 실천이다. 그에게 의는 천하의 보배로서 의롭지 않으면 부유해질 수 없고, 의롭지 않으면 귀하게 되지 않으며, 의롭지 않으면 사람들과 친해지지 않고, 의롭지 않으면 사람들과 가까워지지 않는다「묵자」, 상현상. 그러므로 모든 일에 있어서 의보다 더 귀중한 것은 없다. 그런데 이 의를 알고 실천하는 사람이 적기 때문의 의의 교육이 필요하다는 것이다.

앞에서 예를 든 '의義'와 '경耕'은 모두 인간의 공통된 문화재산이다. 개인이 이것들을 향수하기보다는 널리 많은 사람들에게 전파하여 모두가 실천하도록 하는 것이 이상적인 인간사회를 만드는 바른 길이다. 이렇게 생각한 묵자에게서 우리는 그가 교육의 필요성을 절실히 느끼고 있음을 알 수 있다. 그러면 교육은 가능성이 있는 것인가? 묵자는 인간의 본성은 마치 실과 같아 물감에 따라 실이 여러 가지 색깔로 변하듯 환경에 따라 선하게 될 수도 있고 악하게 될 수도 있다고 한다「묵자」. 소염. 이것으로 보아 묵자는 교육의 가능성도 믿고 있었음을 알 수 있다.

2. 교육목적

중국 고대의 교육가들은 모두 명확한 교육의 목적을 대단히 중시했다. 왜냐하면 교육의 목적은 교육의 성질, 내용과 방법을 결정하는 데 중요한 의미를 갖고 있기 때문이다. 교육이란 본래 목적과 계획이 있어 조직적 활동을 해나가는 것인데 한 교육가에 있어서 교육목적이 확립되어 있지 않다면 그는 맹목적인 교육활동자에 불과하게 된다.

묵자는 그의 도덕과 정치의 이상에 입각한 교육의 목적을 '현사賢士'를 배양하는 데 두고 있다. 현사는 현명하고 훌륭한 선비를 말하는데 『묵자』에는 이상적인 인격으로 성인聖人·현인賢人·인인仁人·인자仁者·군자君子·지자智者·고사高士·현자賢者·겸사兼士 등으로도 표현하고 있으나 그 의미에는 별 차이가 없다. 현사는 천하의 이익을 일으키고 천하의 해를 제거하는 것이 임무이다. 구체적으로는 덕행을 독실하게 실천하고 변론을 잘하며 학예에 능통하고 자기를 희생할 줄 알며 남의 어려움을 구할 줄 아는 사람이다.

묵자는 특히 현사가 갖추어야 할 품덕으로 겸애를 강조한다. 그러므로 현사는 곧 겸사兼士이기도 하다. 그러면 묵자가 겸애하는 사람을 배양하려는 이유는 무엇인가? 묵자가 활동한 전국시대는 사회가 지극히 혼란한 시대였다. 그는 혼란한 원인을 서로 사랑하지 않고 미워하기 때문이라고 진단하고 서로 더불어 사랑할 것을 주장한다. 사회의 혼란을 다스리고자 하는 마음은 묵자뿐만 아니라 당시의 모든 학자가 바라던 바였다. 유가는 예와 덕으로 다스리고자 했고, 도가는 무위로써, 법가는 법과 술術로써 다스리고자 했는데, 묵자는 겸애라는 독창적인 치유방법을 내놓은 것이다.

묵자는 겸애를 통해 윤리적으로 군신과 부자와 형제 간의 갈등을 해소하며 사회적으로는 도둑과 쟁탈과 침략을 없게 함으로써 국가의 안정을 이룩하고 나아가서는 사회의 행복을 증진시키고자 하는 것이다. 그러므로 묵자는 보편적·평등적·공리적인 겸애의 이상이 실현된다면 "늙어서 자식이 없는 사람도 편안하게 한 생을 마감할 수 있고, 형제가 없는 괴롭고 외로운 사람도 여러 사람들 사이에 어울려 잘 살아갈 수가 있으며, 어려서 부모를 잃은 사람도 의지하여 제대로 자랄 수 있는"「묵자」. 겸애중 겸애의 사회가 이룩될 수 있을 것으로 보는 것이다.

묵자는 누구보다도 절약정신을 강조한다. 그의 절약정신은 '겸애교리兼愛交利'에 바탕을 두고서 세상의 물자가 부족하게 될 것을 걱정하는 데서 출발한다. 즉, 남을 사랑하기 위해서는 재물이 있어야 하는데 세상의 물자는 유한하므로 절약하지 않을 수 없다는 것이다. 묵자는 또 '겸애교리'의 이상을 실현하기 위해서는 분투 노력해야 한다고 가르치고 있다. 그는 비명론非命論에서 운명론을 배격하고 인간의 실천의지를 강조한다. 비록 천지天志가 있고 귀신이 있으나 사람들은 노력하여 복을 구할 것이지 가만히 앉아 하늘과 귀신의 도움을 기다려서는 안 된다는 것이다.

묵자가 운명을 부정하고 근면 노력할 것을 가르치고 있는 그 노력의 대상에는 학습활동도 포함된다고 볼 수 있기에 이것은 실로 실리주의적인 근로 제일주의의 교육목적관이라 말할 수 있다.

유가의 교육철학이 인간을 중심으로 하고 있는 데 비해 묵자의 교육철학은 하늘을 중심으로 하고 있기에 묵자의 교육목적은 "하늘을 받들고, 귀신을 섬기며, 사람을 사랑하고, 쓰는 것을 절약하는"「묵자」, 공맹 현사를 배양하는 데 있기도 하다.

공자 당시의 하늘에 대한 관념은 이미 주재천主宰天에서 점차 자연천自然天과 의리천義理天으로 바뀌어가고 있었기에 인간에 대한 지위는 높아져 하늘과 땅의 조화로 모든 것을 도울 수 있고, 하늘과 땅과 함께 참례할 수 있다고 말할 수 있었던 것이다. 또한 맹자는 "우주 만물의 도리가 다 나의 본성 속에 갖추어져 있다. 그러므로 항상 나 자신을 반성해 살피고 성실하게 하면 그보다 더 즐거울 수가 없다"「맹자」, 진심상고 함으로써 인간의 지위가 하늘만큼이나 높음을 구체적으로 말해주고 있다.

그러므로 유가는 인간본위의 사상이며 공자의 교육이상

인 인仁 역시 인심에서 나오게 된다. 그러나 묵자는 인간의 불완전성과 유한성 때문에 백성들의 모범이라 할 수 있는 임금·스승·부모조차도 백성들의 기준이 될 수 없다는 것이다. 묵자는 이렇게 말하고 있다.

> 무엇으로써 다스리는 기준을 삼으면 될까? 만약 모두가 그의 부모를 본받는다면 어떻겠는가? 천하에 부모 노릇을 하는 사람은 많지만 어진 사람은 적다. 만약 모두가 그의 부모를 본받는다면 이것은 어질지 않음을 본받는 것이 된다. 어질지 않음을 본받는 것을 기준으로 삼을 수가 없다. 만약 모두가 그의 스승을 본받는다면 어떻겠는가? 천하에 스승 노릇을 하는 사람은 많지만 어진 사람은 적다. … 만약 모두가 그의 임금을 본받는다면 어떻겠는가? 천하에 임금 노릇을 하는 사람은 많지만 어진 사람은 적다. … 그러므로 부모와 스승과 임금을 다스리는 기준으로 삼아서는 안 된다 「묵자」, 법의.

묵자는 "하늘을 기준으로 삼는 것法天보다 더 좋은 것은 없다"고 하는 것이다. 하늘은 왜 기준으로 삼아도 좋은가? 하늘의 운행은 광대하면서도 사사로움이 없으며, 그 베푸는 것은 후덕하면서도 조금도 덕으로 내세우지 않고, 그 밝음은 오래가면서도 쇠하여지지 않기 때문이다「묵자」, 법의. 이러한 하늘이기에 옛 성왕들도 이것을 기준으로 삼았던 것이다. 이렇게 하늘을 기준으로 삼는 이상, 동작과 행위는 반드시 하늘을 기준을 삼아야 한다. 하늘이 바라는 것이면 행하고 하늘이 바라지 않는 것이면 그만둘 것이다. 그러므로 묵자는 하늘의 뜻을 천하의 임금과 귀족들이 정치와 교육을 행하는 기준이 되게 하려 하였다.

요컨대 묵자의 교육목적은 겸애와 근검을 실행하는 현사를 배양하는 데 있으며 이상적인 인격인 현사의 궁극적인 교육 목표는 하늘을 본받는 것이다.

3. 교육내용

교육내용에 대한 문제는 교사가 학생들에게 무엇을 가르치고, 또 학생들끼리 서로가 무엇을 주고받으려고 하는가에 관한 문제이다. 묵자는 일찍이 유자儒者의 예를 공부하고 공자의 학술을 전수받았다. 그가 자신의 논거로서 흔히 『시詩』, 『서書』를 비롯한 육경을 교재로 쓰고 있음은 유가와 같게 보인다. 그러나 그가 유가의 번문욕례繁文縟禮와 상례와 장례의 낭비와 폐해에 불만을 품고 주나라의 도를 떠나 하나라의 정책을 따라 우임금의 각고 검박한 정신을 배웠기에 '예', '악'에 대한 견해는 서로 다르다.

묵자는 옛것이라 하여 모두 숭상하고 계승하는 데 반대하여 "옛날의 훌륭한 것은 계승하고 지금 훌륭한 것은 창작해야 한다述而且作"고 했기에 묵자의 사상이 담긴 『묵자』도 묵가의 중요한 교재의 하나였을 것으로 보인다.

공자의 교육과정은 덕행·언어·정사政事·문학의 네 과목으로 나뉘어져 있으나 묵자는 담변談辯·설서說書·종사從事의 세 분야로 나누고 있다. 즉, 변론을 잘하는 사람은 변론을 하고, 책 해설을 잘하는 사람은 책을 해설하고, 일을 잘하는 사람은 일에 종사하는 것이다『묵자』, 경주. 묵자는 의를 실천하는 것이 교육의 목적이기에 이를 위한 교육의 내용은 변론교육과 묵학교육 및 기술교육으로 한다. 변론을 위한 '담변'으로는 후기묵가의 저작으로 보이는 「경 상·하」와 「경설상·하」 및 「대취」와 「소취」, 6편이 여기에 속한다. 「상현」에서 「비유」에 이르는 24편은 '셔서'의 교재이고 「비성문」 이하 11편은 '종사'의 교재로 볼 수 있다. 그러나 여기서는 『묵자』 53편에 담긴 교육내용을 현대의 교육관점에 따라 논리사상, 윤리사상, 경세사상, 과학사상, 군사사상의 다섯 과목으로 나누어 본다.

① 논리사상: 묵자는 현명하고 훌륭한 선비가 갖추어야 할 조건의 하나로 변론을 잘하는 것辯乎言談을 꼽고 있다. 그 자신은 변자辯者의 한 사람으로서 중국 고대 논리학의 기초를 닦은 사람이다. 그러므로 『묵자』 전체가 논리적 사상으로 충만해 있다. 그는 말하기를 "이론을 전개시키는 데는 먼저 기준을 세울 필요가 있다. 이론을 말하면서 기준이 없는 것은 회전하는 질그릇 만드는 녹로 위에 서서 동서를 측정하는 격이어서 시비와 이해의 구분을 똑똑히 가려내지 못한다"『묵자』, 비명하고 했다. 즉, 이론을 전개함에는 논변의 여러 가지 기교도 필요하겠지만 이론을 뒷받침할 기준이 반드시 있어야 한다. 그래서 '삼표법'이라는 독특한 논증방법을 내놓

은 것이다. 특히 「묵경」 6편은 논리학의 보고라고 할 수 있는 것으로 용어를 정의하고 논리를 체계화한 것이다.

② 윤리사상: 묵자는 천하를 위해 이익을 일으키고 해로움을 없애는 데 모든 도덕행위의 목적을 두었으며 그의 도덕적 가치 또한 여기에 있는 것으로 생각하였다. 그러므로 남을 이롭게 하는 일이면 행하고 남을 해치는 일은 행하지 말 것을 행위의 준칙으로 삼고 있다. 이인利人하느냐 그렇지 않으면 휴인虧人하느냐가 선악을 판단하는 주요 표준인 것이다. 이러한 공리주의적 경향은 이인利人, 이천하利天下를 특징으로 하고 있으나 개인의 이익도 배제하지 않는다. 따라서 묵자는 평등호조平等互助의 원칙에 의하여 '겸상애 교상리'를 보장하는 것이다. 이것은 실질적으로 나의 이익과 남의 이익이 협조함으로써 사회 전체의 이익을 꾀하여 사회 각 계급, 등급 간의 대항과 충돌을 없애고자 하는 것이다. 그런데 이러한 윤리의 기초를 묵자는 '천지天志'에 두고 있다. 일체의 윤리행위가 하늘의 의지에 의해서 나오는 것이므로 법천法天해야 한다는 것이 묵자의 객관적 윤리사상의 원칙이다.

③ 경세사상: 묵자는 일생을 통해 서민을 사랑하고 서민을 이롭게 하려고 노력하였기에 『묵자』의 「비성문」편 이하 11편을 제외하고는 모두가 정치 경제에 관련된 내용이라 볼 수 있다. '겸이역별兼以易別'이 그의 정치·경제사상의 핵심이며 '비공'이 그 구체적 행동강령이다. 그는 '겸상애 교상리'의 이상을 실현함으로써 강자와 약자가 더불어 사는 세계를 제창했다. 그러기에 귀족계급이 일으키는 권력투쟁 및 제후들의 전쟁과 그들의 퇴폐 사치가 가져오는 엄청난 폐해에 대해 비판하고 근검을 주장하기도 한 것이다. 특히 그의 정치사상에 있어서 주목할 만한 것은 '상현론'인데 이것은 관리를 채용할 때 친소에 따른 차별을 철폐하고 서민과 노예 등 정치상의 약자에게도 능력에 따라 그 등용의 문호를 개방할 것을 주장하고 있다. 이렇게 되면 관리라고 언제까지나 귀하기만 하지 않고 평민이라고 끝내 천하지만 않게 된다.

④ 과학사상: 묵자는 중국 고대에서 가장 뛰어난 과학자이기도 했다. 「묵경」에는 기하학·물리학·광학光學·수학 등의 기초과학의 이론이 들어 있으며 「비성문」 이하 11편에는 여러 가지 방어용 병기의 제작에 관한 이론 등 응용과학에

관한 내용이 풍부하다.

⑤ 군사사상: 묵자는 '겸애'와 '비공'을 말했지만 일단 적이 침략해올 때는 온 백성들이 궐기하여 저항할 것을 주장하고 그 자신이 직접 도시국가를 방위하는 집단을 조직하여 최고 지도자인 초대 거자鉅子로서 활약했다. 『묵자』 53편 중에 침략을 반대하고 무장 평화의 이론을 설명하는 「비공」·「노문」·「공수」의 3편과 방어의 방법을 전문적으로 설명한 「비성문」 이하 11편을 합해 모두 14편이 군사에 관한 내용인 것을 보더라도 그가 얼마나 군사교육을 중시했는가를 알 수 있다. 그래서 묵자는 중국의 '무성인武聖人'이라고까지 불린다.

이상 『묵자』의 교육내용은 그의 교육 목적을 충분히 반영한 것이라 볼 수 있다. 유가는 이상적인 인간상인 군자를 배양하기 위해 시·서·예·악 중심의 육예六藝를 통해 종합적 교양을 교육하려 하였다. 이에 비해 묵자는 그의 이상적 인간상인 현사賢士를 여러 분야에서 배양하려 했기에 다양한 교육내용을 설정한 것이다. 다시 말하면 유가는 수신·제가·치국·평천하의 일관된 이념으로 정치적 지도자를 양성하기 위한 교육내용을 설정한 데 비해 묵자는 사회적 분업을 긍정하는 입장에서 평민의 생활을 중심으로 한 교육내용을 설정한 것이다.

그리고 공자는 최고의 목표를 추상적인 인仁에 두고 있는데 비해 묵자는 현실적인 이익을 포함하고 있는 겸애에 두고 있기에 그의 교육내용 역시 공리주의적일 수밖에 없다. 대표적인 유학서인 『논어』에서는 과학이론이나 응용과학의 자료를 찾아볼 수 없다. 위령공衛靈公이 공자에게 진을 치는 법을 물은 데 대해 공자는 "예법에 관한 것이라면 들은 일이 있으나 군사에 관한 일은 배운 적이 없다"「논어」, 위령공고 대답한 것을 봐도 알 수 있듯이 유가에서는 군사교육을 중요시하지 않았다. 생산성을 높이기 위해 응용과학뿐만 아니라 기초과학까지도 중시한 묵자의 교육과정은 현대의 교육과정에 비추어 보더라도 대단히 진보적이라 아니 할 수 없다.

4. 교육방법

묵자가 그의 교육목적을 효과적으로 달성하기 위하여 앞의 교육내용을 가지고 어떻게 가르치려고 했던가를 보자. 중국 고대의 사상가들은 대체로 '배운다는 것'과 '지식을 얻는다'는 것을 연관해서 생각한 것 같다. 따라서 지식론은 곧 교육방법의 원리가 된다. 「묵경」에는 비교적 이론체계를 갖춘 지식론이 들어 있다. 이것은 소박 실재론이라 할 수 있다. 먼저 지식의 성립조건을 보자.

지知는 인식능력이다.

知, 材也「묵자」, 경상.

지知라는 것은 그것을 가지고 아는 능력이다. 그러나 반드시 인식능력 자체가 아는 것은 아니다. 그것은 마치 눈이 시력을 가진 것과 같다.

知材, 知也者, 所以知也, 而不必知, 若明「묵자」, 경설상.

지식은 인식능력에 의하여 성립된다. 그러나 인식능력이 있다고 하여 반드시 인식이 되는 것은 아니다. 이 인식능력은 인식의 가능성이라 할 수 있는 것으로 인식이 성립하기 위한 첫째 조건일 뿐이다. 인식의 제1단계로는 대상을 알려고 하는 욕구가 있어야 한다. 그리고 인식의 제2단계는 우리의 감각능력이 객관적인 인식대상과 접촉함으로써 그 형상을 감각할 수 있다.

지知는 접촉이다.

知, 接也「묵자」. 경상.

지知라는 것은 그것을 가지고 사물에 접촉하여 그 모양을 알게 되는 것이다. 그것은 마치 눈이 대상을 보는 것과 같다.

知, 知也者, 以其知過物, 而能貌之, 若見「묵자」. 경설상.

또 인식하는 데 필요한 감관들 외에 마음이 있다. 우리는 이 마음에 의하여 대상을 명백하게 이해하게 된다.

지恕는 명백하게 알게 되는 것이다.

恕, 明也「묵자」, 경상.

지恕는 자기가 이미 인식한 것으로 논하는 것이다. 그렇게 되면 그 인식은 더욱 두드러진다. 마치 눈이 사물을 명백하게 보는 것과 같다.

恕, 恕也者, 以其知論物, 而其知之也著, 若明「묵자」, 경설상.

이것은 인식의 완성 단계이다. 지恕는 마음으로 안다는 것이다. 마음은 감관을 통해 들어온 사물의 인상을 명백하게 해석한다.

이와 같이 지식이 성립하기 위해서는 몇 가지의 기본적인 조건이 필요하다. 즉, 주관의 인식능력과 인식하고자 하는 욕구, 인식주관과 인식객관의 접촉 및 마음의 능력이다.

이 밖에도 「묵경」에는 지식을 얻는 방법에 따라 지식을 다음의 세 가지로 나누고 있다.

① 친親: 자기 자신이 직접 관찰하고 경험하여 얻은 지식.

② 문聞: 자신이 직접 들었거나 전설 또는 기록에 의해 전달된 지식.

③ 설說: 추리에 의한 지식. 이미 알고 있는 것을 토대로 알지 못한 것을 연역해 내어 얻은 지식.

진한대秦漢代 이후의 유가의 학문 방법은 대체로 '문지聞知'와 '설지說知'의 두 방면에 치우쳐 있었다. 그러나 '문지'에 치우치면 옛사람들은 맹목적으로 따르게 되어 창조력을 둔화시키며, '설지'에 치우치면 '생각하되 배우지 아니하면 위태롭게 되는思而不學則殆' 폐단에 빠져 아무런 가치 없는 공상이 되기 쉽다. 지금까지의 중국사상계의 병폐는 바로 여기에 있다. 서양철학적인 인식론은 인식의 기원, 진리의 개념, 인식의 타당성을 묻는 것을 중심으로 하여, 나아가서는 이 세 가지 가운데에서 다시 여러 가지 답변을 전개시킨다. 묵가의 지식론에서도 이와 유사한 물음과 답변이 전개되고 있음을 볼 수 있다. 물론 이것은 서양철학적인 인식론과 같이 반드시 치밀한 논리적 분석과 명확한 이론적 체계를 지닌 것이라고는 할 수 없다. 그러나 중국철학의 역사에서 지식을 지식 자체로서 연구·검토하는 방법, 즉 서양철학적인 인식론의 양식에 상당히 가까운 것은 역시 묵자에게서 시작된다고 보아야 할 것이다.[14] 이러한 견해는 묵자가 참다운 지식을 얻기 위해 삼표법이라는 독특한 진리검증기준을 내놓은 것을 보면 더욱 분명해진다.

지금까지 우리는 묵자의 교육방법의 철학이라 할 수 있는 지식론을 살펴봤다. 그런데 묵자가 지식을 얻는 방법을 중요시하는 근본정신은 그 지식의 실천에 있다. 묵자는 이렇게 말한다.

말을 하고 곧바로 행동하는 사람은 떳떳하고, 말을 하고 행동하지 못하는 사람은 떳떳하지 못하다. 행동으로 옮길 수 없는 말을 하는 것을 떳떳하게 생각한다면 그 입은 더러운 입이 된다「묵자」, 경주.

군자는 전쟁을 함에 있어서 포진법布陣法이 있다고는 하지

---

14 赤塚忠 외, 조성을 옮김, 『중국사상개론』(이론과 실천, 1987), pp.139-141 참조.

만 용기로써 근본을 삼고, 상喪을 치름에는 예의가 있다고는 하지만 슬픔을 근본으로 삼는 것처럼 선비에게는 지식이 있다고는 하지만 실천을 근본으로 삼아야 한다「묵자」 수신. 바꾸어 말하자면 묵자에게 있어서는 실천을 전제로 하지 않는 지식은 무의미한 것이다.

묵자는 그의 제자들이 '지행합일'에 이를 수 있도록 하기 위해 힘써 사람들에게 가르치는 적극적인 교육태도를 보인다. 왜냐하면 힘써 사람들에게 가르치지 않으면 알게 하지 못한다고 믿기 때문이다. 그러므로 그는 유가의 소극적인 교학태도에 반대한다. 유가의 한 사람인 공맹자公孟子가 묵자에게 "군자는 자기를 건사하고서 기다리다가 물으면 말을 하고 묻지 않으면 가만히 있는 것입니다. 비유하자면 종과 같은 것이니 두드리면 울리고 두드리지 않으면 울리지 않는 것입니다"「묵자」 공맹라고 유가의 태도를 말했을 때 묵자는 "두드리지 않아도 반드시 울리게 되는 것이다"「묵자」 공맹라고 분명히 말한다. 또한 공자가 "가르침에는 차별이 없다"「논어」 위령공고 하면서도 '마른 고기 한 묶음 이상을 가져온 자'「논어」 술이에 한해서 가르침을 베푼 것은 교육의 대상을 제한했던 것인 데 비해, 묵자는 배우겠다고 찾아오는 사람에 대해서는 물론이고 배움을 구하지 않는 사람에게도 누구에게나 찾아가 가르침을 베풀어야 한다고 주장한다. 그는 말하기를 "돌아다니면서 사람들에게 설교하는 사람이 역시 많은 효과를 얻고 선함을 행할 것이다. 그러니 어찌 돌아다니면서 사람들에게 설교하지 않겠소"「묵자」, 공맹라고 한다.

묵자는 "도를 지닌 사람은 부지런히 그것을 남에게 가르치라"「묵자」, 상현상고 권한다. 그 자신은 앉아서 말로만 실천교학법을 부르짖는 게 아니라 모범적인 교사의 모습을 보이는 실천적 교육가였던 것이다. 맹자는 이러한 묵자에 대하여 "머리 꼭대기부터 발꿈치까지 온 몸이 다 닳아 없어진다 하더라도 천하를 이롭게 하는 일이면 하였다"「맹자」, 진심상고 칭찬한다. 그러니까 이러한 적극적인 실천교학법도 그의 사상의 특징으로 꼽고 있는 공리주의적 관점에서 나온 것이라 볼 수 있으며, 운명을 부정하는 비명非命의 인생관이 그 근원이 되고 있음을 알 수 있다.

묵자는 적극적인 가르침의 방법을 강조하는 한편 배우는 사람의 자발적인 학습도 동시에 중시한다.

주창하는 것과 거기에 화합하는 것은 근심을 같이한다. 그 이
유는 효과에 있다.

唱和同患, 說在功「묵자」, 경하.

여기서 '창唱'은 가르침을 말하고 '화和'는 배움을 말하는 것
으로, 가르치는 행위와 배우는 행위가 일치해야만 교육의
효과를 거둘 수 있다는 묵자의 '교학상장敎學相長'의 이론이다.

묵자는 또 교육에 있어서 환경의 감화작용을 중시할 뿐만
아니라 인간의 감화작용도 중시한다. 그는 「소염」편에서 이
두 가지의 감화가 인간의 품격상에 미치는 영향의 중요성에
대해 반복해서 설명하고 "행동이 도리에 부합되려면 좋은
가르침에 물들어야 한다"「묵자」, 소염고 주장한다. 어떤 사람이
도리에 부합되는 생활을 하려면 반드시 좋은 사람과 가까이
해야 한다. 이것은 베에 물감을 곱게 물들이기 위해서는 물
들이는 일을 신중히 해야 하는 것과 같다. 이 물들이는 방법
이 곧 교육의 방법이 되는 것이다.

특히 우리의 눈길을 끄는 묵자의 교육방법은 한 사람의
도덕행위를 판단할 때 동기와 효과를 서로 결합시켜 판단해

야 한다는 주장이다. 즉, 그가 말하는 '동기와 효과의 결합을 통한 관찰合其志功而觀'의 이론이다. 묵자는 공리주의자이므로 그 행위의 가치판단에 있어서 항상 현실적인 이익에 의거하여 판단하지만 동기에 의한 관찰도 중시했던 것이다.

『묵자』에는 앞에서 살펴본 바와 같이 지식을 얻고 가르치는 방법과 그것을 실천하기 위한 방법을 주장한 것 외에도 가르치고 배우는 기술에 대한 이론도 찾아볼 수 있다. 하나의 예를 든다면, '재능에 따라 교육을 실시한다因材施敎'는 이론이다. 묵자는 학생 각각의 능력에 따라 또는 적성에 맞추어 가르치고 배우는 개성교육을 주장하는 외에도 공간적인 지역성과 시간적인 상황에 따라서도 각각 그때 그것에 적합한 교육을 실시할 것을 주장한다. 제자 위월魏越이 각국에 유세차 떠나기 전에 묵자께 묻기를 "각국의 임금을 만나게 되면 우선 무엇부터 말해야 되겠습니까?" 하니, 대답하기를 "먼저 남의 나라에 발을 들여놓게 되면 그 나라에서 가장 시급한 일이 무엇인가를 살펴 그것을 들어 이야기해야 된다"고 하면서 "만일 나라가 혼란하면 '상현'·'상동'을 말하고, 나라가 가난하면 '절용'과 '절장'을 논하며, 나라가 온통 음악에만 취해 있을 때는 '비악'·'비명'을 말해야 한다. 또 그 나라의 풍속이 퇴폐해지고 예禮가 땅에 떨어질 때면 '존천尊天'·'사귀事鬼'를 말하며, 나라가 온통 빼앗기에만 힘써 침략을 일삼는다면 '겸애'·'비공'을 말해야 한다"「묵자」, 노문라고 한 것이다.

5. 「묵자」 교육사상의 의의

묵자는 유가에서처럼 인간생활의 모든 부문에 있어서 원만하게 발달된 개인을 그 최고의 인간상으로 삼는 교양주의 또는 인문주의 교육보다 현실생활 즉, 실무 또는 공적 생활에 적극적으로 참여할 수 있도록 훈련시키며, 세상 실정에 밝은 사람을 만드는 현실주의적 교육을 지향하여 교육의 목표와 교육의 내용 및 교육의 방법을 구성했다. 평민 출신인 묵자는 피지배자의 입장에서 이들의 이익을 대변하여 지배계층의 양보를 요구하는 한편 정치에의 참여를 도모하기 위한 교육을 펼쳐 나간다. 현실문제를 타개하기 위한 교육목표의 설정이 워낙 이상적이기에 '비명'을 바탕으로 한 적극적인 실천정신과 희생정신을 필요로 한다. 이 때문에 그의 교학방법은 교사위주의 적극적인 교육이 될 수밖에 없는 것이다. 그는 평등교육을 통해 교육의 대상을 전혀 제한하지 않으며, 관리라고 하여 언제나 귀한 자리에만 있을 수 없고 평민이라고 하여 항상 천한 신분으로 살지만은 않는 세상을 위한 정치 이상을 위해서도 현사의 배양을 적극 추진한다.

묵자는 이상적 인간상을 다양하게 설정하고 그것들에 사회적 의의와 가치를 부여하기 위해 교육내용 역시 다기적多岐的이고 전문적인 것으로 편성한다. 또 묵자의 사상이 전반적으로 실리주의적인 경향을 띠고 있기에 그 교육내용은 실용주의적인 것으로 되어 있는데 특히 생산적인 지식과 응용적인 기술을 중시한 과학기술교육은 현대의 교육이론에 비추어 봐도 무척 앞선 것임을 알 수 있다.

제8장
『묵자』의 논리사상

　　중국 고대에는 사유의 형식과 그 규칙을 연구하는 학문의 명칭으로서 오늘날 쓰이고 있는 '논리학'이나 '나집邏輯'이라는 말은 없었고 단지 '형명形名' 혹은 '변辯'이라는 말이 있었다. '형명'이나 '변'의 내용은 서양의 'logic'과 근본적으로 같다. 그러므로 형명가나 변자는 논리학을 연구한 사람에 해당한다. 묵자도 변자의 한 사람으로 중국 고대 논리학의 기초를 닦은 사람이라고 말할 수 있다. 따라서 『묵자』는 논리적 사상으로 충만해 있다. 지식을 중시하고 경험적 사상을 추구했던 묵자에게는 논리적 방법이 절실히 요구되었던 것이다.

1. 삼표법

묵자가 "남을 비판하려고 하는 사람은 반드시 거기에 대
안이 있어야 한다. 만약 남을 비판하면서 거기에 대한 대안
이 없다면 마치 불을 가지고서 불을 끄려는 것이나 같은 것
이어서 그의 이론은 옳게 받아들여지지 않을 것이다"「묵자」, 겸
애하라고 한 말에서도 알 수 있듯이 그는 항상 상대방의 잘못
이나 모순되는 것을 비판할 때는 그 대안을 제시하곤 했다.
묵자는 다른 학파의 주장에는 그 주장하는 이론의 증거나
기준이 확실치 않다는 불만에서 '삼표법'이라는 독특한 논증
방식을 내놓았다. 이론을 전개함에는 논변의 여러 가지 기
교도 필요하겠지만 이론을 뒷받침할 기준이 반드시 있어야
한다. 이것은 마치 목수에게 기술뿐만 아니라 원을 그리고
모난 것을 재고 수평을 알아보기 위한 컴퍼스나 사각자나
준승準繩이 반드시 있어야 하는 것과 같다.

이론을 전개시키려면 반드시 세 가지 기준이 서 있어야 한다.
삼표三表, 즉 세 가지 기준이란 무엇인가? 묵자께서 말씀하셨

다. "그것은 근거本와 실증原과 효용用이다. 무엇에 근거를 두느냐 하면 위로 옛 성왕의 사적事蹟에 근거를 둔다. 무엇에서 실증을 찾느냐 하면 아래로 백성들이 보고 들은 사실에서 실증을 찾는다. 무엇에서 효용을 찾는가 하면 그것으로 형벌과 정치를 통하여 국가와 백성의 이익에 부합하는가를 살피는 것이다. 이를 삼표라고 한다"「묵자」, 비명상.

『묵자』의 대부분의 주장은 이 삼표법을 논증의 형식으로 삼고 있다. 묵자가 삼표법에 의해 귀신의 존재를 증명하려 한 예를 보자.

① 백성의 이목을 통하여 실제로 관찰한다.
묵자는 어떤 사물의 유무를 고찰하기 위해서는 백성의 이목을 통한 견문이 가장 믿을 만하다고 했다. 어떤 사람이 어떤 사물을 보았거나 그것의 소리를 들었다면 그 사물은 틀림없이 존재하는 것이고 그렇지 않으면 존재하지 않는다는 것이다. 묵자는 중국의 역사서에 기록된 5개의 고사를 들어 귀신의 존재를 증명하려 했다. 그중 하나는 다음과 같다.

묵자가 말하였다. "주나라의 선왕宣王이 그의 신하인 두백杜伯을 사형시켰는데 두백은 죄가 없었다. 그래서 죽기 직전 두백이 말하기를, '우리 임금이 나를 죽이려 하지만 나는 아무 죄가 없다. 만약 죽은 자의 영혼이 이러한 일을 알지 못한다면 아무런 일이 없겠지만 만약 죽어서 무언가를 알 수 있다면 3년 안에 반드시 우리 임금이 죽은 자의 원한을 알게 하리라'라고 했다. 그 후 두백이 죽은 지 3년째 되는 어느 날 선왕이 제후들과 함께 포전圃田에서 사냥을 했다. 이때 수레가 수백 대에, 따르는 사람이 수천 명으로 많은 사람들이 들판을 가득 메웠다. 정오가 되었을 때 두백이 백마가 끄는 흰 수레를 타고 갑자기 나타났다. 붉은 의관에 붉은 활을 들고서 붉은 화살을 옆구리에 끼고 선왕을 추적해 수레 위에 있는 선왕에게 활을 쏘았다. 두백이 쏜 화살은 선왕의 심장에 명중해 등뼈까지 부러뜨렸다. 선왕은 수레 안에 쓰러져 활 자루 위에 엎어져 죽었다. 이때 수행한 주나라 사람으로 이 광경을 보지 못한 사람이 없었고 멀리 떨어져 있던 사람들도 이 사건의 소문을 듣지 못한 사람이 없었다"「묵자」, 명귀하.

② 옛 성왕의 역사적 사실에 근본한다.

묵자는 많은 사람들의 이목을 통해 보고 들은 것으로 의문을 해소하기가 부족하다면 삼대 성왕의 역사적 사실은 반드시 믿을 수 있을 것이라고 했다.

옛날의 성왕들은 공이 있는 사람을 상 줄 때는 반드시 선조를 모시는 사당에서 시상식을 거행했고 죄 있는 사람을 처벌할 때는 토지신을 제사 지내는 사社에서 집행했다. 상을 선조의 사당에서 주는 이유는 무엇인가? 그것은 상을 공정하게 준다는 것을 귀신에게 알리기 위한 것이다. 그러면 죄인을 벌주는 것을 사社에서 행하는 것은 무슨 이유인가? 그것은 죄를 다루는 일이 공정함을 귀신에게 알리기 위한 것이다『묵자』, 명귀하.

③ 국가와 백성의 이익에 맞는가를 본다.

묵자는 공리주의자이므로 모든 것에 대해 국가와 백성의 이익을 전제로 한다. 이익이 있으면 행하고 믿으며 불리하면 행하지 않고 믿지 않는다. 이것이 제3표인데 예를 하나 들면 다음과 같다.

묵자가 말하였다. "지금 만약 천하 사람들로 하여금 진실로 귀신이 현명한 사람에게는 상을 주고 난폭한 사람에게는 벌을 준다는 것을 믿게 한다면 천하가 어찌 혼란해지겠는가? 그런데 지금 귀신이 없다고 고집하는 사람들은 이렇게 말한다. '귀신은 본래부터 없는 것이다.' 아침과 저녁으로 그런 말로써 천하의 사람들을 가르치고 깨우쳐서 천하의 사람들을 의심하게 하고, 천하의 사람들로 하여금 모두 귀신이 있는가 없는가 하는 분별에 대해 의혹을 품게 한다. 그리하여 천하는 혼란해지는 것이다." 그러므로 묵자가 말했다. "지금 천하의 왕공과 대인들과 사군자들이 참으로 천하의 이로움을 일으키고 천하의 해로움을 제거하고자 한다면 귀신이 있는가 없는가 하는 분별에 대해 분명히 살펴보지 않아서는 안 된다"「묵자」, 명귀하.

묵자는 삼표법을 통해 귀신의 존재를 증명하고, 사람들이 모두 귀신의 존재를 믿고 귀신이 '상선벌폭' 함을 믿음으로써 모두가 착한 일을 하게 되어 천하가 태평하게 된다고 했다.

이상에서 본 삼표법의 기본 정신은 고대의 권위를 중시하는 권위주의요, 경험을 근거로 한 실증주의요, 효용을 판단의 기준으로 하는 공리주의라 할 수 있다. 이것은 묵학의 근본정신과도 일치하는 것으로서 묵자는 삼표법을 적용하여 자기의 학설을 주장하고 다른 학파의 이론을 반박하고 있다. 그런데 묵자의 논증을 진행해 나가는 데 있어서 중요한 방법인 이 삼표법은 형식논리학의 관점에서 본다면 그리 엄밀하고 정확한 것은 아니다. 왜냐하면 삼표법은 단지 묵학의 몇 개의 준칙에 불과하기 때문이다. 어떤 판단이 이 세 개의 준칙에 들어맞으면 묵자의 학설에 부합되는 것으로 생각하여 받아들이지만 세 개의 준칙에 들어맞지 않으면 묵자의 이론에 부합되지 않는 것으로 생각하여 받아들이지 않는다. 그러나 묵자의 학설에 부합되지 않는 판단이라 할지라도 때로는 유가나 도가의 학설에는 부합될 수도 있기 때문에 삼표법은 순수형식 논증의 구조를 갖추고 있지 못할 뿐만 아니라 논증의 보편유효의 준칙에도 어긋나기 때문에 단지 묵학에 있어서의 논증의 세 준칙에 불과하다. 그러므로 삼표법은 그 형식의의보다는 실질의의가 더 크다고 할 수 있다. 그러나 우리는 이 삼표법의 논증형식을 통해서 묵가 논리사상의 싹을 볼 수 있으며 2천 수백 년 전에 이미 이와 같은 논증형식을 만들어 논증하려 했다는 그 논리탐구의 정신에 놀라지 않을 수 없다.

2. 변辯의 논리

묵가의 '변辯'은 사상과 주장이 다른 쌍방이 논리적 대화를 통해 자신의 주장이 옳고 상대방의 주장이 그르다는 것을 증명하고 상대방을 설득하고자 하는 것이다. 이러한 목적에 도달하려면 말은 일정한 법칙인 '변'의 여러 법칙을 준수해야 한다. 「소취」편에서는 '변'에 대하여 이렇게 말한다.

무릇 변론하는 것은 그것으로 시비의 구분을 분명하게 하고, 질서와 혼란의 근본을 살피며, 동이同異의 입장을 분명하게 하고, 명실名實의 이치를 살펴서, 이해에 대처하게 하고, 혐의를 해결하려는 것이다. 그로부터 만물이 그렇게 된 바를 모방하고, 여러 가지 판단들이 나열된 것을 따져서 논구한다. 이름으로 실물을 표시하고, 명제로 뜻을 펼치며, 진술로 원인을 드러낸다. 또 유사한 유형을 가지고 선택하며, 유사한 유형을 가지고 추리한다『묵자』, 소취.

논변의 기능은 시비를 밝히고, 치란을 규명하며, 같은 점과 다른 점을 밝히고, 이름과 실상을 고찰하며, 이익과 손해를 규정하고, 혐의를 해결하는 여섯 가지이다. 이러한 논변을 행하는 방법에는 「소취」편에 일곱 가지가 있다.

① 혹或: 전부 그런 것은 아닌 경우를 가리키는 개연판단이다. 어떤 종류의 사물 중 일부는 이렇기 때문에 모든 것이 다 그런 것은 아니라는 뜻이다. 이럴 수도 있고 저럴 수도 있다는 가능성이다.

② 가假: 현재는 그렇지 않은 경우를 가리키는 가언판단이다. 예를 들면, 공자는 말하기를 "만일 누가 나를 기용한다면 1년이면 달라질 것이고 3년이면 치적을 세울 것이다"고 했다. '만일 누가 나를 기용한다면'은 공자가 이렇게 말할 당시의 사실이 아닌, 공자가 허구적으로 세운 조건이므로 현

재는 그렇지 않은 경우이다.

③ 효效: 하나의 표준을 세워 그것을 본보기法로 삼는 것이다. 원인이 표준에 합치되면 옳은 것이고 표준에 합치되지 못하면 그른 것이다. 원을 그리는 일에 비유하면, 생각 속의 원, 원을 그리는 컴퍼스, 이미 완성된 원(원형의 물건), 이 모두를 원을 그리는 '법法'으로 삼을 수 있다. 법이 확정되면 그 법을 본받은 것은 모두 원형이 될 수 있다.

④ 비辟: 비유이다. 비유는 별도의 사물을 제시하여 어떤 것을 설명하는 유추의 방법이다. '비'식 추리란 이미 알고 있는 사물을 들어 아직 알지 못하는 사물을 설명하는 것으로 귀납과 연역을 종합적으로 활용하는 추리과정이다. 예를 들면 다음과 같은 것이다.

성인이란 천하를 다스리는 일에 종사하는 사람이다. 반드시 혼란이 일어나는 까닭을 알아야만 천하를 다스릴 수 있게 되고, 혼란이 일어나는 까닭을 알지 못하면 다스릴 수가 없다. 비유하자면 의사가 사람의 병을 고치는 것과 같다. 반드시 병이 생겨난 까닭을 알아야만 병을 고칠 수 있을 것이며 병이 일어난 까닭을 알지 못하면 고칠 수가 없는 것이다「묵자」,겸애상.

이것은 의사가 병을 고치는 일에 비유하여 성인이 천하를 다스리는 일을 말한 것이다.

⑤ 모侔: 명제를 비교하여 똑같이 간주하는 방법으로 직접 추론이다. 본래의 명제에 같은 성분을 가감하여 추리하는 것이다. 「소취」편에서 "도둑은 사람이다. 그러나 도둑이 많은 것은 사람이 많은 것은 아니다. 도둑이 없는 것은 사람이 없는 것은 아니다. 무엇으로 그것을 밝히는가? 도둑이 많은 것을 싫어하는 것은 사람이 많은 것을 싫어하는 것이 아니며, 도둑이 없기를 바라는 것은 사람이 없어지기를 바라는 것은 아니다. 이것은 세상 사람들이 모두 옳다고 여기는 것이다. 만약 그것이 옳다면 비록 도둑도 사람이지만 도둑을 사랑하는 것은 사람을 사랑하는 것이 아니다. 또 도둑을 사랑하지 않는 것은 사람을 사랑하지 않는 것이 아니고, 도둑을 죽이는 것은 사람을 죽이는 것이 아니다. (그것을 이해하는 것은) 어렵지 않을 것이다"라고 한 것은 모侔의 응용이다.

⑥ 원援: 상대방의 논점을 원용하여 자기의 논점을 증명하

는 것이다. 그러므로 "당신이 이렇게 말한다면 어찌 나 혼자 그렇지 않다고 말하겠는가?" 하는 명제가 성립된다. '원'의 예가 『묵자』에는 적지 않게 나온다. 그 하나의 예를 보자.

굶주리는 것을 알고서 그 사람에게 먹을 것을 주는 것은 지혜로운 일이다. 그러나 이것은 참다운 지혜라고 할 수 없다. 지금 성왕들에게 음악이 있기는 하지만 적은 비중이기에 이것 역시 없는 것과 마찬가지다「묵자」, 삼변.

⑦ 추推: 상대가 찬성하지 않은 명제와 상대가 찬성하는 명제가 같다는 것을 보여줌으로써 상대의 논점을 반박하는 것이다. '추'는 귀류법歸謬法식 유추추리로서 어떤 명제의 참 혹은 거짓으로 다른 명제의 참 혹은 거짓임을 추론하는 것이다. "이것은 마치 무엇무엇이라고 말하는 것과 같다"는 진술의 뜻이 같은 명제는 유추 가능함을 표시한다. 그리고 "내가 어찌 그렇게 말하겠는가"는 진술의 뜻이 같지 않은 명제는 유추할 수 없음을 표시한다「묵자」, 소취.[15]

위의 인용문 가운데 '효'의 방법은 원인을 설명하기 위하여 사용한 방법과 같으며, 유추의 방법은 "유사한 유형을 가지고 선택하며, 유사한 유형을 가지고 추리한다以類取 以類像" 는 방법과 같다. 이 두 가지의 방법이 가장 중요한데 대체로 서양논리의 연역법, 귀납법과 비슷하다.[16]

3. 유類와 고故의 개념

(1) 유類

묵가 논리사상에서의 '유'는 추리의 기본개념의 하나로서 사물의 '서로 비슷함'이나 '서로 같음'을 가리킨다. 묵자는 '유'를 사용하여 '유'를 모르는 논적의 무논리성을 반박한다. 예를 들면, 묵자가 공수반이 초나라를 위하여 송나라를 침략하려는 소식을 듣고 그를 만나 침략의 부당성을 말하면서 "의로움 때문에 사람은 죽이지 않는다면서도 많은 사람을 죽이려는 것은 일의 '유'를 안다고 말할 수 없습니다"라고 말

---

15 '변'의 일곱 가지 방법에 대한 풀이는 풍우란, 박성규 옮김, 『중국철학사 상』(까치, 2002), pp.412-422 참조.
16 펑유란, 정인재 옮김, 앞의 책, p.186.

하니 공수반은 설복당하였다고 한다「묵자」, 공수.

또한 묵자는 '의'의 '유' 개념을 모르기 때문에 일어나는 잘못된 현상에 대해 이렇게 말한다.

한 사람을 죽였다면 이것을 불의라고 하여 반드시 그 사람을 죽을죄에 처할 것이다. 이런 논리로 나간다면 열 사람을 죽이면 불의는 열 배나 되니 열 번 죽을죄에 처해야 할 것이요, 백 사람을 죽인다면 불의는 백 배라 백 번 죽을죄에 처해야 할 것이다. 이런 것은 세상의 모든 군자도 의롭지 못한 일이라고 비난할 줄 안다. 그러나 남의 나라를 침략하는 큰일에 있어서는 이것을 비난하기는커녕 도리어 칭찬하여 의롭다고 하는 것이다「묵자」, 비공상.

묵자는 이것에 대해 다음과 같이 비평한다. "만약 남의 물건을 훔치는 정도의 조그마한 잘못은 그른 줄을 알아서 비난을 하면서 남의 나라를 침략하는 따위의 큰 잘못에 대해서는 칭찬하여 '의'라고 한다면, 이것은 '의'와 '불의'를 분별할 줄 모르는 사람이라고 말할 수밖에 없다. 이래서 세상의 모든 군자는 '의'와 '불의'를 혼동하고 있다는 사실을 알 수 있다"「묵자」, 비공상.

위에서 본 바와 같이 살인이 불의의 '유'에 속한다는 것을 아는 것은 무척 쉬운 일인데도 사람들은 사정이 달라지면 편견에 빠져 이것이 어느 '유'에 속하는지 모르게 되므로 묵자는 사람들에게 '유'를 알고 '유'를 살펴볼 것을 강조한다. 「비공하」편에서 묵자는 의롭지 못한 나라를 정벌하는 '주誅'가 아무 죄 없는 나라를 공격하는 '공攻'과는 다름을 말하고 있다. 이것은 곧 '유'가 같지 않기 때문이라는 것이다. 묵자는 비록 전쟁을 반대하지만 이러한 논리적 분석을 통하여 전쟁의 정의성과 불의성을 밝히고 정의로운 방어수단으로서의 전쟁은 반대하지 않고 오히려 적극 지지한 것이다.

(2) 고故

『설문해자』에서는 '고'를 "무엇으로 하여금 하게 하는 것이다故, 使爲之也"라고 해석한다. 이것은 '고'에는 일종의 역량이 있어서 반드시 어떤 현상이 나타나도록 한다는 것을 뜻한다. 그러므로 '고'는 사물의 원인이나 조건으로 볼 수 있다.

동서양을 막론하고 논증에 있어서는 모두 원인이나 이유를 중시하는데 묵자에 있어서도 '고'는 추리의 기본개념으로 자주 사용되고 있다. 그는 '아무런 이유가 없는 편은 이유 있는 편을 따르는 것無故從有故也'이 논리에 맞는 것이라 한다.

어진 사람들은 그 취사선택과 시비를 가리는 도리를 서로 알 아듣도록 말해준다. 아무런 이유가 없는 편은 이유 있는 편을 따르고, 사정을 잘 모르는 쪽은 잘 아는 쪽을 따르며, 할 말이 없을 때는 반드시 상대편에 승복하고, 착한 일을 하는 것을 보면 반드시 따라 해야 한다『묵자』, 비유하.

묵자는 어떤 일의 원인이 반드시 그 일의 결과를 이루는 것이므로 그 원인을 함부로 단정할 것이 아니라 그것의 객관적인 근거가 되도록 해야 한다는 생각에서 '이유를 밝힐 것明故'을 강조한다. 그는 유자와의 음악문제에 대한 변론에서 다음과 같이 말한다.

묵자가 어떤 유자儒者에게 묻기를 "무슨 이유로 음악을 하느

냐?何故爲樂"고 하니 대답하기를 "음악은 음악을 위해 한다樂以爲

樂也"고 했다. 묵자가 말하기를 "그대는 나에 대한 대답이 적당

하지 않다. 지금 내가 '무슨 이유로 집을 짓느냐?'고 물었을 때

'겨울에는 추위를, 여름에는 더위를 피하며 칸을 막아 남녀를

구별하기 위해 집을 짓는다'고 한다면 이것은 집을 짓는 이유

를 내게 충분히 대답해준 것이 된다. 그러나 내가 지금 묻기

는 '무슨 이유로 음악을 하는가?'라고 물었는데 '음악은 음악

을 위해 한다'고 대답하였으니 마치 '무슨 이유로 집을 짓는

가?'는 물음에 '집을 위해서 집을 짓는다'고 대답하는 것과 같

은 것이다"「묵자」, 공맹.

묵자가 유자에게 "무슨 이유何故로 음악을 하느냐?"고 물

었는데 유자는 "음악은 음악을 위해 한다"고 했다. 이와 같

은 대답에는 이유故가 없으므로 "음악을 위해서 한다爲樂"는

것은 단지 하나의 논제일 뿐 논거가 없다는 것이다. 이에 반

해 묵자는 음악을 배척하는 논제를 내놓음에 있어서 "위로

는 하늘과 귀신이 그르다 하고, 아래로는 모든 백성의 이익

에 어그러지기 때문"이라는 등 여러 가지 논거를 들어 음악

을 하는 것이 그르다는 것을 증명한다.

이와 같이 묵자는 사물의 인과관계를 중시하여 입론에 있어서는 충분한 이유를 필요로 한다고 주장한다. 그래서 그 현상만 알 뿐 그 이유를 모르는 유가의 철학방법론을 그는 비판하는 것이다. '고'는 또 '유'와 밀접한 연관을 가지고 서로 영향을 미친다. 즉, '유'는 추론의 범위를 나타내므로 '유'를 모르고서는 사물을 정확하게 인식할 수 없으며, '고'는 추론의 이유이므로 '고'를 모르고서는 '유'를 알 수 없다. 그러므로 이 둘이 결합함으로써 추론의 범위가 명확해지고 또한 충분한 이유가 있게 되어 여기서 나오는 논단은 엄밀하게 되는 것이다. 이것은 묵자가 "그대는 내 말의 '유'를 아직 잘 이해하지 못하고 있을뿐더러 내가 그렇게 말하는 '고'를 아직 모르고 있다子未察吾言之類, 未明其故者也"라고 한 말에서도 '명고明故'와 '찰류察類'의 밀접한 관계를 찾아볼 수 있다.

묵자의 '고'는 「묵경」의 분석보다는 세밀하지 않지만 이것이 '유', '이理[17]와 함께 후기묵가의 '삼물三物'의 논리사상을 이

---

17 '이(理)'의 개념은 대체로 삼단논법의 대전제와 비슷한 보편규율이다. 즉 '고(故)'를 좀 더 분석하여 '고'가 성립되는 이치(理)를 찾는 것이다.

루는 기초가 되므로 그 의의가 더욱 큰 것이다.

4. 연역법

두 개 혹은 그 이상의 주어진 판단으로부터 하나의 새로운 판단을 이끌어 내는 연역추리의 논증방법은 『묵자』 전체를 통해 여러 곳에서 찾아볼 수 있다. 연역추리의 형식을 갖춘 한 대목을 예로 들어보기로 하자. 다음 글을 분석해 보면 두 개의 삼단논법이 계속되어 있음을 알 수 있다.

사람들이 대개 훌륭한 보물을 귀중하게 여기는 까닭은 그것이 사람에게 이익이 될 수가 있기 때문인데 화씨의 둥근 옥이라든가 수나라 임금의 진주 그리고 구정九鼎(세 개의 솥과 여섯 개의 그릇) 등 여러 보물은 사람에게 별로 이익이 될 수가 없으니 이것은 분명 이 세상에서 가장 훌륭한 보배는 아니다. 이제 의義를 가지고 나라를 다스리면 인구가 반드시 늘어나고 형벌이 반드시 잘 다스려져 나라가 틀림없이 편안해진다. 훌륭한 보배를 귀중하게 여기는 까닭은 그것으로 백성들을 이익 되게 할 수가 있기 때문인데, 의가 바로 백성들을 이롭게 할 수가 있는 것이다. 그러므로 이 세상에서 가장 훌륭한 보배는 의다「묵자」, 경주.

대전제: 훌륭한 보물을 귀중하게 여기는 까닭은 그것이 사람에게 이익이 될 수 있기 때문이다.

소전제: 화씨의 둥근 옥, 수나라 임금의 진주, 구정은 사람에게 이익이 될 수 없다.

결 론: 그러므로 이것들(화씨의 둥근 옥, 수나라 임금의 진주, 구정)은 훌륭한 보배가 아니다.

대전제: 백성들을 이익 되게 할 수 있는 것은 훌륭한 보물이다.

소전제: 의는 백성들을 이롭게 할 수 있다.

결 론: 그러므로 의는 훌륭한 보물이다.

희랍의 소피스트들은 여러 가지 변론의 방식을 만들어서 사람들을 곤란한 경지로 몰아넣곤 했다. 그중에 두 개의 가언판단을 대전제로 하고 두 개의 선언지選言肢를 갖는 선언판단을 소전제로 하며, 그러면서도 소전제는 대전제의 전건 전부를 긍정하거나 후건 전부를 부정하거나 해서 결론을 이끌어내는 삼단논법인 딜레마dilemma가 있다. 이것은 그 결론이 원하는 바이거나 아니거나 간에 딜레마라고 불리는 것으로 논쟁이나 토론에서 지극히 효과적인 논증형식이다. 그런데 이러한 논증형식은 희랍에서뿐만 아니라 『묵자』에서도 여러 곳에서 찾아볼 수 있다.

예를 들면, 묵자는 귀신의 존재를 믿고 제사를 지낼 것을 주장했는데 귀신의 존재를 의심하는 당시의 사람들이 제사를 지내지 않으려 하므로 딜레마식 논증방법으로 귀신이 존재하든 존재하지 않든 제사를 지내는 것은 가치 있는 일이라고 논증한다『묵자』, 명귀.

즉, 대전제에서 두 후건이 서로 같고 소전제에서 두 전건을 선언적으로 긍정함으로써 긍정적인 정언판단을 결론적으로 이끌어내는 단순 구성적 딜레마의 형식으로 되어 있는데 간략하게 다음과 같이 구성해 볼 수 있다.

대전제: 귀신이 있어서 제사를 지낸다면 그것으로 가치가 있는 것이고, 만약 귀신이 없다고 해도 제사를 지내는 것은 가치 있는 일이다.

소전제: 귀신이 있거나 없거나 둘 중의 하나이다.

결 론: 그러므로 어쨌든 제사를 지내는 것은 가치 있는 일이다.

5. 귀납법

귀납법은 연역법과 더불어 논증의 방법을 크게 둘로 나누는 논증의 이대 방식이다. 연역법이 결론이 참임을 전제에서부터 필연적으로 귀결되는 것으로 논증하려는 것인 데 반하여 귀납법은 다만 결론이 참임을 전제로부터 개연적으로 확립하려는 데 있다고 할 수 있다.

서양에서는 프랜시스 베이컨이 귀납법을 주장하기 전에는 논증의 방법으로 모두 아리스토텔레스의 삼단논법을 사용해 왔었다. 그러나 중국에서는 이미 선진시대에 묵자가 논증에 있어서 귀납적 방법을 사용하기 시작했다. 실로 귀납법의 사용은 중국이 서양에 비해 2천 년이나 앞섰던 것이다.

일반적으로 경험적 재료를 기초로 하여 그것으로부터 얻은 결과를 종합하여 보편적 진리에 도달하는 귀납법은 그 방법이 어떠한가에 따라 통계적 귀납추리, 인과적 귀납추리 및 유비추리의 셋으로 구분된다. 묵자의 사상 중에는 여러 가지 귀납적 방법을 사용하여 논증을 진행한 예를 볼 수 있는데 이를 다음의 셋으로 나누어 볼 수 있다.

(1) 매거법

어떤 현상이나 성질을 나타내는 사례가 많이 발견될 때 이들 사례들을 매거 계산하여 거기에서 공통적인 결론을 이끌어내는 통계적 귀납추리의 한 방법이 매거법이다. 묵자가 매거법을 적용하여 논증한 예를 「비공중」편에서 하나 들면 다음과 같다.

거나라, 진나라, 채나라, 정나라가 망했다. 그런데 이들은 모두 남의 나라를 공격하여 전쟁을 일으킨 나라들이다. 그러므로 남의 나라를 공격하여 전쟁을 일으키는 모든 나라는 망한다.

묵자는 불완전 매거법을 적용하여 몇몇 나라가 침략전쟁으로 인해 망한 사례에서 침략전쟁은 반드시 나라를 멸망케 한다는 결론을 이끌어 내고 이것으로부터 그의 '10대 주장'의 하나인 '비공'을 논증한 것이다.

(2) 인과적 귀납법

관찰과 실험에 의해 사물의 '무엇'임을 안 뒤에는 그런 사물이 '왜 그런가?'를 알아야 하며 이를 위해서 현상 간의 인과관계를 발견해야 한다. 인과관계를 아는 방법으로 J. S. 밀의 귀납법은 5가지 공리公理를 내놓아 새로운 양식의 귀납법을 완성했다. 묵자의 철학방법에 있어서는 현상 간의 인과관계를 어떻게 알아내려 했는지 밀의 5공리 중 잉여법에 따라 분석해 보기로 한다.

"어떤 현상으로부터 이전의 귀납에 의하여 일정한 전건의 결과라고 이미 알려진 부분을 제거하면 나머지 현상은 나머지 전건의 결과이다"라고 밀은 잉여법을 설명한다.

『묵자』에서 이와 같은 잉여법을 적용한 예를 하나 들어보면 다음과 같다.

묵자가 말하였다. "대개 귀신이 사람들에게 바라는 것은 높은 작위와 녹을 받게 되면 그것을 현인에게 양보하고, 재물이 많으면 그것을 가난한 사람들에게 나누어 주는 일이다. 그런데 어찌 귀신이 한갓 기장밥과 동물의 허파로 만든 젯밥 얻어먹기만을 바라겠나. … 자네는 귀신을 섬긴다는 것이 겨우 제사 지내는 것에 지나지 않으면서 '병이 어째서 걸렸나? 하니 이것은 마치 백 개의 문 가운데 한 개의 문만 닫아놓고 '도둑이 어디서 들어왔나? 하고 묻는 것과 같네. 이렇게 하고서 어떻게 귀신에게서 많은 복을 얻겠다는 말인가?"「묵자」, 노문.

묵자는 인간이 병에 걸리는 원인에는 대체로 세 가지가 있다고 생각했다. 귀신을 받들어 제사 지내지 않는 것과, 높은 벼슬자리를 현인에게 양보하지 않는 것, 그리고 재물이 많은데도 가난한 사람들에게 나누어 주지 않는 것이다. 그런데 묵자의 제자인 조공자耀公子는 귀신을 받들어 제사 지내는 일만 하고서 병에 걸린 것을 한탄하므로 묵자는 병에 걸린 것이 첫 번째 원인에서가 아니라 그 나머지 두 가지 원인(혹은 그중의 한 원인) 때문이라는 것을 논증한다.

(3) 유비추리

귀납추리 중에서 가장 일반적으로 사용되는 형태가 유비類比에 의한 논증, 즉 유비추리 또는 유비라는 것이다. 이것은 두 개의 사례가 여러 점에서 같을 때 아직 경험하지 않은 부면部面에 있어서도 서로 같을 것이라고 추리하는 것이다.

묵자의 사상 가운데서도 이 유비추리를 적용하여 자기의 주장을 설명하거나 논증하는 예를 많이 볼 수 있다. 그중 하나의 예를 들어 그 형식을 살펴보기로 하자.

어떤 사람이 적은 부분의 검은 것을 보고는 검다고 하고 많은 부분의 검은 것을 보고는 희다고 한다면 이 사람은 틀림없이 흑백을 분별할 줄 모르는 사람이라 할 것이다. 또 조금 쓴 것은 쓰다 하고 많이 쓴 것은 반대로 달다고 하는 사람이 있다면 이 사람은 달고 쓴 맛을 전혀 분간할 줄 모르는 사람이다. 또 만약 남의 물건을 훔치는 정도의 조그마한 잘못은 그른 줄을 알아서 비난을 하면서 남의 나라를 침략하는 따위의 큰 잘못에 대해서는 도리어 칭찬을 하여 의義라고 한다면, 이것은 의와 불의를 분별할 줄 모르는 사람이라고 말할 수밖에 없다.

이래서 세상의 모든 군자는 의와 불의를 혼동하고 있다는 사실을 알 수 있는 것이다「묵자」, 비공상.

이제 이것을 알아보기 쉽게 나타내면 다음과 같이 된다.

① 작은 부분의 검은 것을 보고는 검다 하고 많은 부분의 검은 것을 보고는 희다라고 한다면 이 사람은 흑백을 분별할 줄 모른다.
② 조금 쓴 것은 쓰다 하고 많이 쓴 것은 달다고 하는 사람은 달고 쓴 맛을 분별할 줄 모른다.
③ 조그마한 잘못은 비난하면서 남의 나라를 침략하는 큰 잘못은 잘못인 줄 모르고 칭찬하고 이것을 의라고 한다.
④ 이것을 어찌 의와 불의를 분별할 줄 안다고 할 수 있겠는가?

위에서 앞 2항은 모든 사람이 아무런 이의 없이 받아들일 수 있는 전제이며, 제3항의 정황과 앞 2항이 모두 서로 유사하므로 그 결론(제4항) 역시 반박할 수 없을 정도로 굳건하게 된 것이다.

이와 같이 묵자의 유비논증은 강한 논증의 힘이 있을 뿐만 아니라 강조적인 역할을 하고 있다. 그러나 유비의 전제가 우리가 모두 잘 알고 있는 사실이라 논증 시에 유사점을 거의 생략하고 열거하지 않는 수가 많은데 엄격히 말해서 이와 같은 형식은 그리 완전한 것이 못 된다.[18]

18 鐘友聯, 『墨家的哲學方法』(臺北: 東大圖書公司, 1976), p.79.

제9장
『묵자』의 과학사상

　학술 활동이 자유롭던 춘추전국시대에는 백가제자들의 저술이 풍부하였다. 그러나 대부분이 철학, 윤리학, 정치학에 대한 것이었을 뿐 과학 기술에 관한 것으로는 제齊나라 사람이 지은 『고공기考工記』와 『묵자』의 「묵경墨經」에 불과하다. 당시 묵가는 유가와 함께 2대 학파로 학술적 인기를 누리고 있었다. 그러나 유가는 복고적인 보수성으로 인해 과학 기술을 폄하하였기에 과학 기술의 발전에 별 영향을 미치지 못했다. 이에 반해 묵가는 풍부한 과학 정신을 가지고 역학力學, 광학光學, 대수, 기하학 및 논리학 부문에서 중국과학사에 가장 중요한 업적을 남기고 있다.

1. 시간과 공간

시간이란 무엇이며, 공간이란 무엇인가? 또 그 둘의 관계는 어떠한가? 이러한 문제가 수학자나 물리학자의 연구 대상에 그치지 않고 철학자의 관심을 끌게 된 중요한 이유는 그것이 인간의 사고와 인식의 틀이 되기 때문이다. 즉, 시간과 공간의 개념이 우리의 현상 인식 및 사고의 밑바탕을 이루고 있기 때문이다. 그러므로 동서양의 철학자들 중에는 공간과 시간의 본성에 깊이 있는 논의를 한 경우가 적지 않다.

중국 고대에 있어서 가장 깊이 있는 시공 관념의 논의는 「묵경」에서 찾아볼 수 있다. 먼저 시간에 관한 정의를 보자.

시간이란 다른 때에 두루 미치는 것이다.

久, 彌異時也「묵자」, 경상.

시간이란 옛날과 지금, 아침과 저녁이다.

久, 古今旦暮「묵자」, 경설상.

「묵경」에서 시간이 '다른 때에 두루 미친다'는 것은 시간이란 각종의 구체적 시각의 총칭을 말한다는 것이다. 또 시간이 '예와 지금, 아침과 저녁'이란 것은 시간의 과도성過渡性과 지향성을 뜻한다. 즉, 시간은 우리에게 일어나는 일의 체험 방식에 따라 과거에서 현재로, 현재에서 미래로 흘러가는 것이며 아침은 저녁을 향해 나아가듯 시간은 일정한 방향으로 흘러간다는 것이다.

다음에 공간에 관한 정의를 보자.

공간이란 다른 장소에 두루 걸치는 것이다.

宇, 彌異所也「묵자」, 경상.

공간이란 동서남북이다.

宇, 東西家南北「묵자」, 경설상.

공간에 대한 「묵경」의 정의와 중국 고대 다른 학파와의 차이는 「묵경」에서는 공간의 위치를 강조하고 있는 점이다. 공간은 각종의 다른 장소, 또는 방위를 모두 말하는 것이다.

인간이 접촉하는 구체적이고 특정한 공간 개념이다. 동쪽에서 또는 서쪽에서 느끼는 공간, 산, 들, 하늘 모두가 공간의 한 부분이다. 이러한 구체적인 공간을 추상화하여 일반적인 공간 개념을 도출하는 것이다. 이것은 텅 빈 것으로만 생각하던 공간 개념에서 벗어난 것으로 공간 인식의 발전으로 볼 수 있다.

묵가는 또 시간이 항상 어느 순간에서 어느 순간으로 옮겨가고 있는 것과 같이 공간 역시 특정한 위치는 항상 옮겨가고 있다고 한다.

공간은 이동한다. 그 이유는 시간과 공간의 확대에 있다.
宇或徙, 說在長宇久 「묵자」, 경하.

공간의 확대란 이동해서 어떤 위치를 차지하는 것이다. 위치로서 남과 북이 있고 시간으로서 아침과 저녁이 있는 것은 공간의 이동이 곧 시간이기 때문이다.
長宇徙而有處. 宇南宇北, 在旦有在莫, 宇徙久 「묵자」, 경설하.

이것은 또 시공의 상대적인 원리를 말하고 있다. 시간과 공간의 이동은 뗄 수 없는 관계에 있기에 공간의 상대에는 항상 시간이 있으며 시간의 상대에는 항상 공간이 있는 것이다.

우주의 공간과 시간의 연속 중에 무한히 많은 특정한 장소와 특정한 시간이 서로 관련을 가지면서 항상 그 위치를 바꾸고 있다는 것일 것이다. 또한 그들의 위치 중의 하나에서서 관찰하는 입장에서 본다면 우주는 다른 관찰자가 보는 것과 현저하게 다른 양상을 띨 것이다. 묵가는 또 물체의 운동이 없으면 시공도 없으며 운동이 곧 시공의 본질이라는 것을 명확히 한다. 이것은 시공의 본질에 대한 인식론적인 해석이다. 묵가가 보는 공간은 운동의 공존형식共存形式이고 시간은 운동의 전변형식轉變形式이다. 그들은 시공의 본질 이론을 운용해서 운동학상의 중대 문제를 해결했던 것이다. 인류 역사상 가장 먼저 공간·시간과 물체의 운동을 연계해서 인식하려 했던 것이 「묵경」이다.

2. 오행

오행설은 추연鄒衍의 오덕종시설에 의해 사회과학적인 의미를 포함하게 되었지만 오행설 그 자체는 본질적으로 자연주의적이며 과학적인 것이었다. 그런데 음양가가 내놓은 오행의 상생상극설에 묵가가 처음으로 반대하고 나섰다.

오행에 항상 이기는 관계가 없다는 이론의 요점은 그 많음에 있다.

五行毋常勝, 說在多 「묵자」, 경하.

오행은 金, 水, 土, 木, 火이다. 불이 쇠를 녹이는 것은 불이 많기 때문이다. 쇠가 숯불을 꺼뜨리는 것은 쇠가 많기 때문이다. 쇠는 물을 저장하고 불은 나무에 붙어 탄다. 마치 고라니가 숲 속에 깃들어 사는 것과 같고 물고기가 하천에 사는 것과 같다. (전자가 후자에 의해 생산되는 것이 아니라) 오직 이롭기 때문이다.

五, 金水土木火離. 然火鑠金, 火多也. 金靡炭, 金多也. 金之府水,

火離木. 若識粟與魚之數, 惟所利 「묵자」, 경설하.

묵가는 木이 土를 이기고, 金이 木을 이기며, 火가 金을 이기고, 水가 火를 이기는 관계에 있다는 '오행상승'이 절대적이 아니라 조건적이라는 '오행무상승설'과 木은 火를 낳고 火는 土를, 土는 金을, 金은 水를, 水는 木을 낳는다는 '오행상생'의 이론을 반박하여 서로 화합하고 상호 의존한다는 '상려설相麗說'을 내놓았다. 질량의 다소와 환경의 이로움과 불리함에 따라 변화가 생긴다는 것이다.

이것은 중국과학사에 있어서 최초의 정량연구 실험이다. 묵가는 이 실험을 통하여 양이 물질 상호 간에 중요한 작용을 하며 이 작용이 형세를 좌우하고 변화의 방향을 결정한다는 이론을 세웠다. 중국 전통 과학에서는 대개가 정성연구이고 정량연구를 찾아보기 힘들기에 이 이론은 더욱 진귀하다. 묵가의 과학적 사고의 양적 요소를 보여주는 이러한 이론은 중국과학 발전에 많은 영향을 주었다.

3. 수학

묵가의 시간론·공간론 등은 단지 그들의 주관적인 억측에서 나온 것이 아니고 엄밀한 관찰과 실험에서 나온 것이다. 그들은 수학과 물리학의 기초 이론을 통해 우주론을 확립하고 논리학을 발전시키는가 하면 기술 개발에 응용했다. 더욱이 묵자를 비롯한 묵가의 구성원들이 대부분 기술자였기에 그들의 수학 연구는 기본적으로 '형形'과 관계가 있고 그들의 수학적 업적은 대체로 기하학의 범주에 속하는 것들이다.

「묵경」에는 기하학적인 개념에 관한 정의를 비롯한 수학 명사에 관한 과학적 설명이 19조에 걸쳐 나온다. 부분과 전체에 관한 문제, 점의 문제, 유궁·무궁의 문제, 동이同異의 문제, 원과 사각형의 문제 등에 대해 세밀하고 전문적으로 분석하고 논증한다.[19] 그중 몇 가지를 보자.

---

19 량치차오(梁啓超)는 '단(端)'·'척(尺)'·'구(區)'를 기하학의 '점'·'선'·'면'으로 풀이했다(『墨經校釋』, 臺北, 中華書局, 1922, p.32).

점은 넓이가 없는 선의 가장 끝에 있는 것이다.

端, 體之無序而最前者也 「묵자」, 경상.

선은 면의 앞에 있고 점의 뒤에 있다.

尺, 前於區穴, 而後於端 「묵자」, 경설상.

원은 한 중심으로부터 같은 거리에 있는 것이다.

圜, 一中同長也 「묵자」, 경상.

사각형이란 변과 각이 사방을 두른 것을 말한다.

方, 柱隅四讙也 「묵자」, 경상.

직선은 세 점을 공유한다.

直, 參也 「묵자」, 경상.

이상의 예 가운데 특히 원의 정의는 유클리드 『원론』의 원
의 정의와 아주 비슷하다. 서양과 비슷한 시기에 같은 수준
의 기하학에 관한 논리적인 기본 명제를 볼 수 있다는 것은

무척 홍미로운 일이다. 연역적인 방법을 배제한 중국수학의 전통, 그리고 특히 중국인의 사유 패턴에는 결여되어 있다고 일반적으로 알려진 원자론적인 불가분성의 발상은 주목할 만하다. 『묵자』에 점에 관한 정의 등이 있다는 것과 관련하여 이러한 기하학에 관한 단장斷章이 그리스로부터의 영향이 아닐까 하는 의구심이 일어날 수 있을지도 모른다. 그러나 묵가의 기술적인 업적을 보거나 과학적이고도 논리적인 태도를 보더라도 그들의 독창적인 것임을 의심할 수 없다.

4. 역 학

힘은 역학의 중심 개념이다. 중국에서 힘에 관한 과학적 정의를 가장 먼저 해놓은 것도 「묵경」이다.

힘이란 물체가 움직이게 되는 원인이 되는 것이다.

力, 刑之所以奮也「묵자」, 경상.

힘은 무거운 것을 말한다. 아래에서 무거운 것을 들어올리는 것은 힘의 작용이다.

力, 重之謂, 下擧重奮也「묵자」, 경설상.

추상적 개념인 힘과 비교적 구체적 개념인 운동을 연계시킨 묵가의 힘에 대한 인식은 그들의 높은 이성적인 인식을 말해 준다. 여기서 무거운 것이란 가속도의 운동을 말한다. 이것은 뉴턴의 만유인력의 법칙과 같다. 일상생활에서 가장 많이 볼 수 있는 힘은 중력이다. 그러므로 「경설상」에서는 중력을 예로 들고 있다. 그 내용과 순서는 근대의 역학 교과서와 같다. 16세기 이전 유럽의 학자들은 힘이 물체의 운동을 유지하는 원인이라는 것을 알았다. 갈릴레이는 많은 실험을 통해 힘이 물체의 운동 상태를 변화시키는 원인이라는 것을 증명했다. 뉴턴은 이러한 기초 위에 그의 운동에 관한 법칙을 썼던 것이다. 묵가의 역학이론이 갈릴레이나 뉴턴의 이론과 비슷한 점이 많다는 것은 주목할 만하다.

또 「묵경」에는 탄성彈性 역학에 관한 문제도 보인다.

균등한 것이 끊어지고 끊어지지 않는 것은 그 이론이 (물체의)

균등함에 있다.

均之絶不, 說在所均 「묵자」, 경하.

균등하다는 것은 머리카락이 균등하게 힘을 받는다는 것이
다. 가볍거나 무거워서 머리카락이 끊어지는 것은 균등하지
못하기 때문이다. 균등한 경우에는 끊어지지 않는다.

均, 髮均懸, 輕重而髮絶, 不均也. 均, 其絶也莫絶 「묵자」, 경설하.

물체가 끊어짐은 균등하지 못한 점이 있어서이다. 모두가
균등하다면 끊어질 수가 없다. 그러므로 가느다란 머리카락
이라도 천균千鈞을 끌 수도 있다는 것이다. 여기서 '균均'이란
물체의 극히 균등한 상태를 말하는 것으로 물체 전부가 같
은 밀도로 구성되어 있을 때 변화가 발생하지 않는다는 것
이다. '절絶'이란 이러한 균등한 상태가 깨진 것을 말한다. 곧
오늘날의 분자물리학적인 문제로 볼 수 있다. 이와 비슷한
말은 『열자』에도 보이지만 그것들은 역학에 관한 이론으로
서가 아니라 논리적인 의미와 정치적인 의미의 비유로 쓰였
을 뿐이다. 그 밖에도, 배의 크고 작음과 그 적재 화물의 무

게와의 관계를 나타내는 역학적 표현이 있는가 하면 용두레 및 지렛대의 원리, 대저울의 원리, 벽돌을 쌓을 때의 힘의 평형문제 등을 다루고 있는 것들이 「묵경」에 집중적으로 보인다. 이러한 묵가의 역학이론은 중국 고대 과학자들의 역학 연구가 대단히 적은 마당에 귀중한 자료가 된다.

5. 광학

중국 고대의 뛰어난 광학光學 발전과 그 광학 사상은 세계 물리학사에서 중요한 자리를 차지하고 있다. 광학 중에서도 가장 기본적인 원리의 하나는 빛의 직진 원리인데 묵가는 많은 실험을 거쳐 일찍이 이런 원리를 발견했던 것이다. 「묵경」에는 그림자의 문제, 바늘구멍을 통해 생기는 상像의 문제와 평면거울, 오목거울, 볼록거울의 문제 등에 관한 실험 결과와 이론에 대한 설명이 모두 8조나 된다. 그런데 이 8조의 배열순서도 작자의 면밀한 고려에 의한 것이라 과학적 의의에 맞게 되어 있다. 현대 중국의 대표적 물리학자 첸린 쟈오錢臨照는 "이렇게 조리 있고 완전한 기술記述은 비록 수백

자에 불과한 것이지만 2천여 년 전에 이룩한 세계적으로 위대한 광학 이론이라고 확실히 말할 수 있다"[20]고 평가했다.

「묵경」에 나타난 광학 이론을 두 가지만 보자.

바늘구멍 사진기의 원리

그림자가 거꾸로 되는 것은 빛이 한 점에서 교차되고 그림자가 길어지기 때문이다. 그 이유는 점에 있다.

景到, 在午有端與影長, 說在端「묵자」, 경하.

그림자는 빛이 사람을 비출 때 생기는데 화살을 쐈을 때와 같이 직진한다. 아래로부터 나온 빛은 사람을 향해 높아지고, 위로부터 나온 빛은 사람을 향해 낮아진다. 발이 아래의 빛을 가리므로 발의 그림자는 위에 생기고, 머리는 위의 빛을 가리므로 머리의 그림자는 아래에 생긴다. 원근은 있어도 빛이 모이는 점이 있어 그 때문에 거꾸로 선 상이 안쪽에 생긴다.

---

20 方孝博, 『墨經中的數學和物理學』, (北京: 中國社會科學出版社, 1983), p.76.

景. 光之人煦若射, 下者之人也高, 高者之人也下. 足蔽下光, 故成

景於上. 首蔽上光, 故成景於下. 在遠近有端與於光, 故景庫內也

『묵자』, 경설하.

암실을 만들어 하나의 구멍을 뚫고 암실 밖에 한 사람이 구멍을 향해 선다면 암실 벽에 거꾸로 된 사람의 상像이 생긴다. 빛이 작은 구멍을 통과할 때는 마치 쏜 화살처럼 직진하기 때문이다. 빛의 직진성을 바탕으로 한 이러한 원리를 묵가보다 훨씬 뒤인 북송 때의 과학자 심괄沈括은 『몽계필담夢溪筆談』에서 '격술格術'이라고 부르면서 기하 광학의 중요한 원리로 설명하고 있다. 서양에서는 아리스토텔레스가 B.C. 350년경 바늘구멍사진기 원리를 발견한 것이 최초이다. 그러나 이보다 적어도 50년 가까이 앞서 묵자가 이것을 발견했으니 묵자 혹은 묵가의 발견이 세계 최초라고 할 수 있다.

볼록 거울에 있어서의 물체와 상像과의 관계

볼록 거울은 영상이 하나인데 커져도 반드시 바로 선다. 그 이유는 빛을 받아들이는 데 있다.

鑑團, 景一. 大而必正, 說在得「묵자」, 경하.

물체가 거울 가까이 가면 거울에 비치는 부분이 크고 그림자
도 크다. 멀리 떨어지면 비치는 부분이 작고 그림자도 작다.
그러나 영상은 반드시 바로 선다. 그림자가 그대로 비쳐지기
때문이다.

鑑, 鑑者近, 則所鑑大, 景亦大. 其遠, 所鑑小, 景亦小, 而必正. 景
過正「묵자」, 경설하.

볼록 거울에 생기는 상은 한 개의 바로 선 상이고 거울의
다른 쪽에는 허상이 생긴다. 물체가 거울에 가까이 이동하
면 상은 커지고 물체가 거울에서 멀리 떨어지면 상은 더욱
작아진다. 다만 위치에 관계없이 볼록 거울에 생기는 상은
모두 원래의 물체보다 작다는 것이다. 볼록 거울은 물체를
축소하여 넓은 범위의 것을 담아볼 수 있기에 묵가 이전의
오랜 옛날부터 사용해왔던 것 같다. 그러나 비록 초보적이
지만 볼록 거울의 원리를 실험·관찰하여 과학적으로 설명

한 것은 묵가가 처음이며 이것은 심괄沈括의 연구에 바탕이 되어 중국 광학을 발전시킨 원동력이 된 데 의의가 있다.

첸린쟈오錢臨照는 묵가의 광학 이론에 대한 가치를 "세계 광학 지식에 있어서 가장 이른 기록은 일반적으로 유클리드를 꼽는다. 그러나 그의 책에 빛이 직진한다는 글은 보이지만 어떠한 실험으로 증명한 것은 찾아볼 수 없다. 빛이 직진한다는 기본 성질의 위대한 발견은 「묵경」이 유클리드보다 앞서고 더 뛰어났다. 이것만으로도 「묵경」이 세계과학사에서 당연히 높은 위치를 차지한다"[21]고 말했다.

---

21 顔道岸, 「再論墨家學派在科學上的杰出貢獻」, 『墨子硏究論叢(二)』, (山東大學 出版社, 1993), pp.333-334에서 재인용.

제10장
『묵자』의 군사사상

춘추전국시대는 봉건 제후들이 전쟁을 빈번히 일으켜 사회를 혼란하게 했던 시대였다. 당시 수많은 사상가들이 평화로운 세상을 위한 여러 가지 주장들을 내놓았다. 그들의 주장은 모두 전쟁을 종식시키고자 했기에 군사사상이 빠질 수 없었다.

묵자는 사상가이면서도 논리학자이고 군사전문가였다. 『묵자』의 53편 가운데 「비성문」편부터 「잡수」편까지 11편은 그 제목부터가 성을 방어하기 위한 대비책을 논술한 군사사상임을 알 수 있다. 『묵자』의 병서적 가치는 『손자』와 함께 중국 군사사상의 쌍벽을 이룬다.

1. 적극적 방어

적극방어는 묵가 군사사상의 핵심이다. 대국이 소국을 침략하고 강국이 약국을 능멸하는 형세에서 묵자는 소국과 약국을 지키는 전략적 입장에서 침략전쟁의 발동을 적극 방어할 것을 주장했다. 적군의 침략을 막아 소국의 독립과 안전을 보위하기 위한 것이다. 그러므로 묵자가 성을 잘 지켜 굴하지 않았다는 데서 연유하는 '묵수墨守'라는 말이 오늘날까지도 명예롭게 전승되고 있다. 이것은 묵자가 내놓은 적극적 방어의 군사사상이 당시에 상당히 성공적이었음을 웅변하는 것이다.

묵자는 강한 폭력에 대하여 두려워 말고 약소국을 구원해야 한다고 제창한다. 그리고 침략당하는 나라는 전쟁을 피하거나 앉아서 구원을 기다리기만 할 것이 아니라 적군의 각종 공격에 방어할 작전을 강구해야 한다고 강조한다. 유비무환有備無患은 역대 병가가 모두 중시하는 것이다. 그러나 춘추전국시대에 침략에 대비하는 것과 방어하는 것을 체계적으로 논한 것은 묵자가 처음이라 할 수 있다.

묵자는 이렇게 말한다. "창고에 비축되어 있는 곡식이 없다면 흉년이나 기근을 견뎌낼 수 없다. 그리고 창고에 준비되어 있는 무기가 없다면 비록 의로운 목적이 있다 하더라도 불의를 징벌할 수가 없다. 또 성곽이 완전하게 갖추어져 있지 않으면 스스로를 지킬 수가 없다. 마음속에 걱정스러운 일에 대한 대비가 되어 있지 않으면 갑자기 일어나는 일에 대처할 수 없다." 그러므로 묵자는 "대비하는 것은 국가에 있어 대단히 중요한 것이며, 식량은 국가의 보배이고, 병력은 국가의 발톱이며, 성곽은 스스로 지키는 수단이다. 이 세 가지는 국가가 갖추어야 할 것이다"「묵자」. 칠환라고 한 것이다.

여기서 묵자는 전쟁에 대비한다는 것은 국가가 해야 할 가장 중요한 일이라고 말한다. 양식과 무기와 성곽, 이 세 요소는 전쟁에 대비하기 위한 기본조건이다. 이 3대 요소를 중시하는 것은 전쟁에 철저히 대비하는 것이 국가의 존망에 관계되는 기본방침이기 때문이다. 묵자의 이러한 사상은 역사상 수많은 국가가 국방을 소홀했기 때문에 나라가 망하는 경험으로부터 얻은 교훈에서 나온 것이다.

그러면 전쟁에 대비하는 방법은 무엇인가? 묵자는 당시 작전의 실제상황에 근거하여 전쟁에 대비하는 데 불리한 7가지 환란을 다음과 같이 지적하고 있다「묵자」, 칠환.

① 성곽이나 해자를 지키지도 못하면서 궁실을 크게 세우는 것.

② 적이 국경에 이르러도 사방의 이웃 나라에서 구해주지 않는 것.

③ 백성들의 힘은 쓸데없이 다 써버리고 재물은 손님들 대접하느라 창고를 다 비워버리는 것.

④ 벼슬하는 사람들은 녹祿을 유지하려고만 들고, 노는 사람들은 교제로 붕당을 짓기만 하며, 임금은 법을 닦아 신하를 함부로 쳐도 신하들은 겁이 나서 감히 거스르지 않는 것.

⑤ 임금이 스스로 안락하고 강하다고 여기고는 방비를 하지 않으며, 사방의 이웃 나라들이 침략할 계획만을 짜고 있는데도 경계할 줄 모르는 것.

⑥ 신임하는 사람들은 충성스럽지 않고 충성스런 사람들은 신임하지 않는 것.

⑦ 생산하는 식량은 백성이 먹기에 부족하고, 대신들은 임금 섬기기에 부족한 사람들이며, 상을 내려서 기쁘게 할 수 없고 처벌해서도 위압할 수 없는 것.

묵자는 나라에 7가지 환란이 있다면 반드시 그 나라는 멸망할 것이며, 7가지 환란을 가지고 성을 지켜보았자 적이 쳐들어오면 나라는 기울어지고 말 것이라고 한다. 묵자가 볼 때 한 나라의 안전과 방위는 한때 한 지역에 국한된 문제가 아니라 장기적이고 거국적인 기본 국책 문제이다. 그러므로 한 나라를 다스리는 사람, 특히 소국의 임금은 반드시 '유비무환'의 전략을 수립해야 한다. 평화 시기에 양식, 무기, 성곽, 방어계획, 내정 및 외교 등의 방면에서 적에 대항할 자위의 대비가 필요하다.

그러면 강대한 적군에 대비하여 성을 방어하기 위한 유리한 조건은 어떤 것인가? 묵자는 전방위적이고 입체적인 방어의 전략을 내놓았다. 『묵자』의 「비성문」편에서는 성을 지킬 수 있는 14가지 필요조건을 다음과 같이 말하고 있다. ① 성은 두텁고 높아야 한다. ② 해자나 못은 깊고도 넓어야 한다. ③ 성문의 망루가 견고하게 수리되어 있어야 한다. ④ 방어할 기구들이 잘 수리되어 있어야 한다. ⑤ 연료와 식량은 3개월분 이상 준비되어야 한다. ⑥ 성을 방어할인원을 많이 선발하여 훈련시켜야 한다. ⑦ 관리와 백성들이 화합해야 한다. ⑧ 군신이 일치해야 하는데 특히 대신은임금에게 충성을 다해야 한다. ⑨ 임금은 백성들의 신뢰를얻어야 하고 백성들은 편안한 마음으로 즐겁게 살 수 있어야 한다. ⑩ 부모의 분묘가 가까이 있어야 한다. ⑪ 산림과들과 못에서 나는 산물이 풍부해야 한다. ⑫ 지형이 공격하기에는 어렵고 지키기에는 쉽게 되어야 한다. ⑬ 적에게 깊은 원한이 있거나 임금에게 큰 공이 있는 용사가 있으면 좋다. ⑭ 시상施賞이 분명하여 신용이 있고 형벌이 엄하여 두려워하기에 족하면 좋다.

묵자는 천시天時, 지리地利, 인화人和 등에 따라 적을 방어하는 데 필요한 조건을 논술했다. 그리고는 적의 각종 침략방법에 대처하는 전략과 전술을 상세하게 말하고 있다. 이러한 것은 중국 고대 병법 어디에서도 찾아볼 수 없는 훌륭한저작이다. 손자의 병법에도 이렇게 상세하고 완비된 방어사상은 없다.

묵가의 방어전술은 적극적이다. 먼저 방어 중에 부딪히게 될 곤란한 점을 생각하여 사전에 충분히 준비한다. 『묵자』 '성수城守' 11편 가운데 7편은 '비備'를 첫 글자로 하고 있다. 이것은 성을 방어하는 전법의 준비가 얼마나 중요한가를 말해주는 것이다. 방어전에서 충분한 전법이나 전술의 준비가 되어 있으면 전투의 주도권을 쥘 수 있기 때문이다. 전투는 무기와 인력과 용감한 정신의 대결이다. 그리고 전술, 전법과 지혜의 대결이라 할 수 있다. 방어전을 위해 창안한 전법, 그리고 방어를 위해 제조하고 준비한 무기, 기계는 방어전술의 범주에 속한다. 적극적인 방어전술로 효율적으로 싸워야 승리할 수 있다. 『묵자』 '성수' 각 편의 방어전술과 관련된 것을 보자.

① 비고림備高臨: 높은 고지를 만들어 공격하는 적을 물리치는 법.

묵자의 제자인 금골희禽滑釐가 묻기를 "적군이 흙을 높이 쌓아 올리고 우리 성을 내려다보면서 나무와 흙을 올려 발판을 만들어 성에 바짝 갖다 붙이고서 쇠뇌를 발사하여 공격한다면 어떻게 합니까?" 하니 묵자가 말하기를 "흙을 쌓아 성을 공격하는 것은 졸렬한 전법이다. 그것으로는 병사들을 피로하게 만들기에는 족하지만 성을 해치기에는 부족하다. 수비하는 쪽에서도 성 위에다 높은 대臺를 쌓고 적의 발판을 내려다보고 공격한다. 여기서 강한 쇠뇌를 쏘고 여러 기계의 힘을 빌리며 특수한 무기로 공격하면 적을 물리칠 수 있다"고 했다.

② 비제備梯: 사다리로 공격하는 적을 막는 법.

적이 구름사다리를 타고 성을 공격한다면 어떻게 막을 수 있느냐는 금골희의 질문에 묵자는 이렇게 말한다. "구름사다리는 무거운 기구이기에 그것을 이동시키는 일은 매우 어렵다. 돌격하는 수레인 충거衝車를 다루는 사람 10명과 칼을 잡는 사람 5명이 한패가 되는데 모두 힘이 센 사람이어야 한다. 그리고 깜박거리지 않는 눈을 가진 사람으로 하여금 적의 동정을 살피게 하고 북으로 명령을 발하며 양편에서 끼고 활을 쏘는데 몇 겹으로 활을 쏘고, 여러 가지 기계로 공격을 돕는다. 성 위에서는 화살과 돌과 모래와 재를 비처럼 퍼붓고 섶을 태우는 불과 끓는 물을 퍼부어서 그것을 돕는다. 조용히 지나가다가도 상황에 따라 급하게 움직이되 사고가 나지 않도록 해야 한다. 이렇게 하면 구름사다리로 하는 공격은 물리칠 수 있다."

③ 비수備水: 물로 공격하는 적을 물리치는 법.

먼저 성안에 배수구를 판다. 그러고는 20척의 배를 만들고 정규병 300명을 뽑아 돌격대를 조직한다. 두 척의 배를 하나로 연결시켜 이것을 '일림—臨'이라고 하고 각각의 임臨에는 30명의 힘세고 우수한 병사를 배치한다. 이들이 쇠뇌, 긴 창, 호미 등을 가지고 투구와 갑옷을 입고 성 위에 있는 화살 발사대의 엄호 아래 성 밖의 제방을 터뜨리면 적의 수공법은 실패할 수밖에 없다.

④ 비돌備突: 갑자기 습격하는 적을 물리치는 전법.

적이 예상하지 못할 때 돌연 습격한다면 어떻게 할까? 성에는 100보마다 하나씩 비밀의 문인 돌문突門을 만든다. 돌문에는 각각 질그릇 굽는 가마와 같은 아궁이를 만들고 그 옆에 풀무를 놓아둔다. 그리고 아궁이에는 미리 땔나무와 쑥을 채워둔다. 적군이 쳐들어오면 바퀴를 돌려 돌문을 막고 풀무를 돌려 아궁이의 불과 연기를 뿜게 함으로써 적을 물리친다.

⑤ 비혈備穴: 땅굴을 파고 공격하는 적을 막는 방법.

땅굴을 파고 성안으로 쳐들어와 불을 질러 성을 파괴하는 적군을 격퇴하는 방법을 묻는 금골희의 물음에 묵자는 다음과 같은 방법을 말한다. 성안에 다섯 걸음마다 한 개의 우물을 파서 성벽 바로 밑에까지 닿도록 한다. 그러고는 큰 독의 입마구리를 얇고 부드러운 가죽 끈으로 싼 다음 우물에 넣어 둔다. 귀가 밝은 사람이 독에 들어가 듣게 하면 적이 파고 들어오는 굴의 위치를 알 수 있다. 굴의 방향에 맞춰 이쪽에서 맞굴을 파나간다. 굴이 서로 만날 때가 되면 질그릇 굽는 가마처럼 만든 아궁이에 쑥을 넣고 불을 붙여 이것을 풀무질하여 적을 연기로 그슬린다.[22]

22 로버트 템플은 이것을 세계 최초의 독가스를 이용한 화학전으로 소개하고 있다. "동독에서 독가스를 사용한 화학전의 역사는 적어도 기원전 4세기까지 거슬러 올라간다. 당시 그 일을 책에 기록한 것은 철학자이며 사회개혁자였던 묵자를 창시자로 하는 묵가(墨家)였다. 초기의 묵가 책에는 도시를 포위한 적진에 풀무로 독가스를 뿜어 넣는 일이 기록되어 있다. 이것은 제1차 세계대전의 참호용 겨자 가스보다 2300년이나 빨랐다"(로버트 템플, 과학세대 옮김, 『그림으로 보는 중국의 과학과 문명』, 까치, 1993, p.367).

⑥ 비아부備蛾傳: 개미떼처럼 성벽을 기어오르는 적군을 격퇴하는 방법.

금골희가 이렇게 묻는다. 적군들이 "성에 달라붙어 뒤늦게 오르는 자는 먼저 목을 치는 것으로 법도를 삼고서 성 밑을 파서 터전을 삼고 땅 밑을 파서 방을 만들어 놓고는 전진하며 쉴 새 없이 기어오르고 뒤에서 활을 쏘면서 엄호한다면 이것을 어떻게 막아내겠습니까?" 묵자는 이렇게 대답한다. "개미떼처럼 적군이 성벽을 기어오르며 공격하는 군대는 그 장수가 성이 났기 때문이다. 방어하는 편에서는 높은 위치를 이용하여 이들을 공격한다. 그들을 끌어들이고는 불과 끓는 물을 끼얹고 포장에 불을 붙이어 적군을 덮어씌우며 모래와 돌을 빗발처럼 내리친다. 그렇게 하면 개미떼처럼 성벽을 기어오르는 공격은 실패로 돌아갈 것이다." 그러고는 성벽 가까이 매달아 놓고 그 속에 사람이 타고서 성벽을 기어오르는 적병을 창으로 찌를 수 있게 만든 장치인 현비縣陣와 누樓라는 장비로 적을 격퇴하는 방법을 말하고 있다.

2. 용병술과 전민개병全民皆兵

방어전쟁의 비상시에 지도자는 관용의 마음으로 지혜롭게 용병술을 발휘해야 한다. 전투에 참가할 수 있는 사람을 선발하여 그들을 단합시키는 일이 중요함을 묵자는 강조한다. 사람들의 품성은 각양각색이며 능력은 천차만별이다. 따라서 성을 지키는 지도자는 그들이 왜 그러한 품성과 특성을 갖게 되었는가를 반드시 살펴보고 적당한 자리에 임용해야 한다.

예를 들어 키가 크고 힘이 센 사람이 병사로서 적합함은 말할 것도 없고 눈을 깜빡이지 않고 사람을 뚫어지게 볼 수 있는 사람은 '비제備梯'에 적의 동정을 살피는 데 적합하며, 귀가 특별히 밝은 사람은 '비혈備穴'에 땅굴의 위치를 탐지하는 데 능력을 발휘할 수 있는 사람이다. 평소에 남을 헐뜯는 말을 잘하는 사람이나 품행이 방정하지 않은 사람, 싸움하기 좋아하는 사람들도 전투에 참가하게 되면 반성하고 개선하여 훌륭한 병사가 될 수 있다. 그러므로 군대를 지휘하는 사람은 백성들의 출신, 경력, 재능 등에 차별을 두지 않고

216

다 같은 사람으로 보아 병사를 선발하고 직무를 부여하여 각자의 소질을 발휘하게 하면 그들은 단결된 정신으로 전투에 헌신하게 된다는 것이다「묵자」, 잡수.

패권주의는 우세한 군사력과 경제력을 이용하여 큰 것으로 작은 것을 업신여기며, 강한 힘에 의지하여 약한 자를 모욕한다. 약소국은 패권에 반대하지만 물질적인 역량이 부족하다. 따라서 일치단결하여 인력으로 물력의 부족을 보완하지 않으면 안 된다는 것을 묵자는 강조한다.

묵자는 온 백성들이 모두 병역의 의무가 있다고 주장한다. 이것은 정의의 전쟁을 유지하기 위한 기초 위에 세워졌다. 정의의 전쟁은 백성들의 이익을 대표하고 사회의 발전을 기할 수 있는 것이다. 그러나 정의롭지 못한 전쟁은 백성들의 이익에 위배되고 사회발전을 저해하는 것이기에 백성들의 지지를 얻지 못한다. 그러므로 정의롭지 못한 전쟁은 '전민개병全民皆兵'의 정치적인 기초를 갖출 수 없다. 묵자는 당시의 소생산자와 약자들의 권익을 옹호하기에 정의의 방어전쟁을 지지하였다. 따라서 이론과 실천에 있어서 '전민개병'의 방침을 내놓고 실행했던 것이다.

성안의 마을을 8부八部로 나누고 각 부에 한 사람의 관리를 둔다. 관리는 각각 4명을 거느리고 길거리와 마을 가운데를 다니며 순찰한다. 마을을 수비하는 일이나 잡일에 참여하지 않는 노인들은 마을을 다시 4부로 나누고 부마다 한 명의 지도자를 두어 오가는 사람들을 검문하게 하며 늘 순찰하도록 한다. 순찰하다가 이상한 자가 있으면 그가 간악姦惡한 짓을 하는 사람인가를 조사한다. … 여러 성 위에서 수비를 담당하고 있는 남자들 중 10분의 6은 쇠뇌를 갖고 10분의 4는 다른 무기를 들며 젊은 여자와 노인과 어린 사람들은 한 개씩 창을 갖는다. 갑자기 경계할 일이 생기면 중군中軍에서는 급히 세 번 북을 울리고, 성 위의 도로와 마을 안의 골목길까지도 통행을 금지시킨다. 그래도 다니는 사람이 있으면 목을 벤다「묵자」, 호령.

여기서 보듯이 노소의 남자들과 20세 안팎의 여자들도 군사적인 방어 임무를 띠고 전투에 투입된다. 특히 여자들의 군복무를 의무화한 것을 보면 묵자의 평등정신이 철저했음을 알 수 있다. '전민개병' 제도는 「비성문」편에서도 볼 수 있다. 즉, "성을 수비하는 방법으로 50보 간격으로 건장한

남자 10인, 젊은 여자 20인, 노인과 어린 사람 10인, 모두 합하여 40인을 배치한다"고 한다.

3. 엄격한 군기와 공정한 상벌

묵자는 상벌제도를 정확하게 운용하는 것이 방어전에서 승리를 보장하는 기본요소로 보았다. 그는 성을 지킬 수 있는 14가지 조건을 구체적으로 말하면서 그중에 하나를 "시상이 분명하여 신용이 있고 형벌이 엄하여 두려워하기에 족해야 한다"「묵자」,비성문고 했다. 묵자는 또 "명령은 반드시 매우 두려워해야만 하고, 상은 반드시 매우 이롭게 여겨야만 한다. 명령은 반드시 사람들이 명령에 따라 그들이 행할 것과 행해서는 안 될 것을 알아야만 한다"「묵자」,호령고 했다. 묵자의 이러한 주장을 보면 상벌로 군을 다스리는 것이 신중하고도 엄숙했음을 알 수 있다. 상을 주는 예를 「기치旗幟」편에서 볼 수 있다. 성을 지키는 하급관리가 세 번 출동하여 적을 물리치면 최고 지휘관은 친히 그를 불러 음식으로 대접하고 큰 깃발을 수여할 뿐만 아니라 백 호의 고을을 차지하게 한다는 것이다. 「호령」편에서는 적을 성공적으로 물리치거나 적의 포위를 분쇄해 버린 뒤의 포상에 대해 구체적으로 설명하고 있다. 몇 가지 예를 들어 보자. 적을 길목에서 물리쳐 다시 공격하지 못하게 한 병사에게는 많은 녹을 내린다. 적의 포위망을 물리치면 성의 둘레가 1리里 이상일 때는 그 성의 장수에게 30리 사방의 땅을 떼어 주고 높은 작위를 준다. 그뿐만 아니라 그를 보좌한 대장들과 현령에겐 상경上卿의 벼슬을 내린다. 성을 지키기 위한 계책에 참여한 관리들에게도 관용 수레를 내리는가 하면 수비를 담당했던 남자들에겐 2급의 벼슬을 더해 주고 여자들에게는 5천 전錢의 돈을 내린다고 정해 놓고 있다. 이것은 백성들에게 견고히 수비를 하여 포위망을 쳐부술 것을 권장하는 방법인 것이다.

징벌에 대해서도 묵자는 성을 지키는 전투에 불리한 각종 행위의 금지를 목적으로 분명하게 규정하고 있다. 예를 들면 "적을 칭찬하며 자기편을 비방하는 자는 처단한다"고 하는 것이나 "적의 숫자가 적은데도 숫자가 많다고 하거나 적이 혼란한데도 잘 다스려져 있다고 하거나 적의 공격이 졸렬한데도 교묘하다고 하는 자는 처단한다. … 적이 편지를 달아 활로 쏘아 보내면 그것을 주워서는 안 된다. 밖에서 적이 안의 아군에게 착한 체하더라도 거기에 응해서는 안 된다. 이런 군령軍令에 따르지 않는 자들은 모두 처단한다"「묵자」, 호령고 되어 있다. 이 밖에도 모반謀反이나 아군의 지휘관을 살상하려고 획책하는 행위 등에 대해서는 더욱 무거운 벌을 정해 놓고 있다. 군을 다스림에 있어서 벌은 두려워할 만큼 엄격해야 하고 상은 만족할 만큼 이로워야 한다는 원칙으로 상벌을 명확하게 규정한 것은 전 장병들의 뜻을 하나로 하고 그들의 사기를 높여줌으로써 방어전에서 승리하고자 하는 묵자의 군사전략의 하나이다.

4. 군사무기의 개발

묵자는 방어전에서의 무기와 장비를 중시했다. 그는 '병기는 나라의 발톱'이라고 했다. 무기와 장비는 마치 독수리의 발톱과 같이 중요하다는 것이다. 정의의 전쟁을 치르기 위해서는 우수한 무기와 장비가 필수적이다. 묵가 집단 중에는 각종 기술에 뛰어난 공장工匠들이 많았으며, 묵자 본인

은 중국의 기성技聖이라 추앙받는 공수반公輸盤과 맞먹는 최고
의 과학 기술자였다. 묵자는 당시 최선진의 대형 빙어 무기
및 장비를 설계하고 제작하였다. 『묵자』에 나오는 수십 종
의 방어용 무기와 장비 중에서 몇 가지를 보자.

앞에서 우리는 묵가가 성학聲學의 진동전파 원리를 이용
해 '앵청罌聽'이라는 소리를 탐지하는 기구를 발명한 것을 봤
다. 적이 땅속 깊이 굴을 파고 공격해올 경우를 미리 생각
하여 선제공격을 하기 위한 기구이다. 이러한 설비와 근대
해상 정찰 기구인 성납聲納의 원리와는 매우 비슷하다. '앵
청'은 2천여 년 전에 만들어진 감청기로서 측성학測聲學의 선
구로 볼 수 있다.

묵가는 또 역학의 원리를 발견하고 이를 응용하여 많은
기계를 만들었다. 지렛대의 원리를 역학적으로 설명하는가
하면 힘을 적게 들이고도 많은 효과를 얻기 위해 지렛대를
발전시켜 기중기를 만들었다. 이것으로 두레박틀을 만들어
물을 푸거나 성을 쌓을 때의 장비로 사용하기도 하고 적군
살상용의 충당기冲撞機로도 썼다. 묵가가 발명한 가장 훌륭한
수성守城의 군사무기는 연노거連弩車이다. 이 병기의 위력은

대단하여 다른 방어 기계와는 비교가 되지 않을 정도였다. 중국 병기사兵器史에서 중요한 위치를 차지하는 연노거의 구조와 용도 및 조작요령에 대해 묵자의 제자인 금골회는 「비고림」편에서 상세하게 소개하고 있다.

묵자가 설계하고 제조한 연노거는 흙을 높이 쌓아올려 성을 공격하는 적군을 물리치는 반격무기로서 대단히 크고, 당시 방어전에서 사용된 병기로는 가장 무거운 것이었다. 10명이 조종하고 한 번에 60개의 화살을 발사할 수 있는 연노거는 기계의 힘으로 많은 인력을 대체할 수 있을 뿐만 아니라 사정거리가 멀고 한 번 쏜 화살을 회수할 수 있어 당시로서는 최고급 기술의 병기라 할 수 있다. 중국인은 2세기에 크랭크 핸들을 발명했다. 따라서 그들이 3세기에 릴, 즉 작은 윈치를 발명한 것은 놀라운 일이 아니다. 옛날 중국인은 릴을 조거釣車라고 불렀다. 중국과학기술사의 세계적 권위자인 조셉 니덤은 릴의 원형을 묵자가 제작한 연노거에서 볼 수 있다고 말한다.[23]

묵자는 성을 방어하는 전투에서 강한 쇠뇌 등 특수한 무기를 제작하여 사용했다. 그는 전사기轉射機라는 돌리면서 많은 화살을 쏠 수 있도록 만든 무기도 발명했다. 전사기는 그 길이가 6척인데 1척은 땅에 묻어둔다. 두 개의 목재를 합쳐 전사기의 뒤편을 눌러 안정시키도록 하는 '온韞'을 만든다. '온'의 길이는 2척이며 받침대 중간에 구멍을 뚫어 가로나무를 통해 놓는데, 가로나무의 길이는 세로로 세운 나무에 닿게 한다. 20보步마다 한 대의 전사기를 놓고 활을 잘 쏘는 병사로 하여금 그 조종을 담당하도록 한다. 그리고 조수 한 사람이 옆에서 돕도록 한다「묵자」, 비성문.

묵자는 또 성을 수비하는 데 사용하기 위해 자거藉車라는 무기를 만들었다. 이 무기는 모두 쇠로 둘러씌운다. 자거의 기둥은 길이가 1장 7척이고 그것이 묻혀 있는 길이는 4척이다. 그리고 받침대는 3장 5척이 된다. 자거의 밑 받침대는 수레바퀴로 만드는데 길이가 3척이고 4분의 3은 위에 나와

---

23 연노거에 대하여 로버트 템플은 이렇게 말한다. "묵가의 병기 중에 연노(連弩, 연발식 석궁)라는 것이 있는데, 이것은 수많은 투창을 적에게 발사하는 기계로서 초기의 대포이다. 창은 값이 비싸서 그것을 함부로 버릴 수 없었으므로 그들은 창에 끈을 달아 릴 식의 감는 기계로 회수하여 다시 사용하였다. 그러나 적의 몸에 꽂힌 창은 그대로 방치되었다. 그런데 참으로 역설적이지만 이 군용 병기가 가장 평화로운 도구인 릴 발명의 실마리가 되었다"(로버트 템플, 과학세대 옮김, 앞의 책, pp.150~151).

있다「묵자」, 비성문.

묵자는 20보마다 한 대의 자거를 두는데 땅굴로 공격해오는 경우에는 대수를 늘릴 수 있다고 한다. 전사기와 자거는 칼이나 연소통이나 분화기에 해당하는 탄화통炭火桶 등의 무기를 발사한다「묵자」, 비제. 자거나 전사기는 적군이 운제로 공격해 올 때나 수공水攻, 혹은 흙을 쌓아 성으로 올라오는 토대공土臺攻 및 인해전술로 침략할 때 그 강대한 위력을 발휘하는 군사장비들이다.

자거나 전사기의 동력은 탄력彈力을 이용한다. 묵자 당시의 사람들은 가죽끈, 대나무 혹은 금속 스프링을 이용할 줄 알았기 때문에 탄력을 얻을 수 있었던 것이다.[24]

미국 하버드대학의 섭산葉山 교수는 일찍이 이러한 자거와 같은 투석기投石機의 정면도와 측면도를 상세하게 그리고는 이것은 지금도 복원이 가능하며 그 위력은 대단하다고 말했

24 1988년 여름에 중국 허난성의 고고학자가 신양(信陽)지구 춘추초기의 분묘에서 110건의 금속 스프링 형태의 기구를 발굴했는데 나선형으로 된 이 기구들은 오늘날의 금속 스프링과 차이가 없었다. 이것으로 보아 전국시기 묵자(墨者)들이 금속 스프링을 이용하여 사격하는 기계를 만들었다는 것은 의심할 수 없다(孫中原,『墨子及其後學』, 北京, 新華出版社, 1991, pp.101-102).

다. 그는 자거의 성능은 같은 시기의 서양의 석궁보다 훨씬 뛰어난 것으로 보았다.[25] 자거의 구조를 보면 「묵경」의 원圓과 구矩 등의 과학지식을 이용하고 여기에다 지렛대 원리를 사용했다.

위에서 소개한 병기 외에도 묵자는 '거답渠答', '측와測瓦' 등 수많은 병기의 제작과 그 사용방법에 대해 말하고 있다. 그 중에는 오늘날의 병기의 제작과 사용원리와 꼭 같은 것도 있고 서로 비슷한 것도 있다. 이러한 강력한 무기들은 어떤 것은 기존의 무기들을 개량한 것이고 어떤 것은 묵자들이 창안하여 만든 것이다. 묵가가 개발한 신무기들은 큰 효과를 발휘하였기에 대부분 후세의 방어무기로 전승되었다. 그러기에 『위료자尉繚子』, 『태백음경太白陰經』, 『무비지武備志』, 『호령경虎鈐經』, 『수성록守城錄』, 『무경총요武經總要』 등의 병서에서 묵가가 사용한 방어용 무기들을 많이 볼 수 있다. 묵가의 군사과학기술의 지혜는 오늘날 우리 군軍의 국방과학 현대화에도 시사하는 바 적지 않을 것으로 생각된다.

25 秦彦士, 『墨子新論』(成都: 電子科技大學出版社, 1994), p.31.

5. 묵가와 손자의 군사사상 비교

우리는 『묵자』의 군사사상을 논하면서 손자孫子의 병법과의 관계를 말하지 않을 수 없다. 『손자』는 우수한 군사이론서로 후세의 군사사상 발전에 큰 영향을 미쳤다. 후세의 저명한 군사가라 할 수 있는 오기吳起, 손빈孫臏, 한신韓信, 조조曹操, 제갈량諸葛亮 등은 모두 손자병법을 연구하였으며 그들의 병법은 손자병법의 발전이거나 응용이라고 볼 수 있다. 선진시대의 군사사상가인 손자는 묵자와 비슷한 시기의 인물이다. 런지유任繼愈에 의하면 묵자는 B.C. 420년경에 죽은 것으로 되어 있다. 그런데 『손자』가 작성된 것은 B.C. 496년에서 B.C. 453년 사이로 볼 수 있다. 따라서 묵자와 손자는 서로 만났다는 기록은 보이지 않지만 그 사상에 있어서는 영향을 주고받은 것으로 추측된다. 중국 군사학의 바이블로치는 『손자』와 묵가의 군사저작은 그 내용상으로 볼 때 상통하고 비슷한 점도 있지만 서로 다른 부분도 적지 않다. 묵자를 중심으로 한 묵가와 손자의 군사사상의 동이점同異點을 요약하면 다음과 같다.

① 손자는 "이길 수 없을 때는 수비하고 이길 수 있을 때는 공격한다. 수비하는 것은 곧 병력이 부족할 때이고, 공격하는 것은 곧 병력이 여유 있을 때이다. 수비를 잘하는 사람은 깊은 땅속에 잠긴 듯하고 공격을 잘하는 사람은 높은 하늘 위에서 움직이는 것 같다. 그러므로 스스로를 보전하면서 이길 수 있는 것이다"「손자」, 군형軍形고 했다. 손자는 적을 이길 수 있을 때는 공격의 전략을 세우고, 적을 이길 수 없을 때는 방어 전략을 취한다는 것이다. 손자의 군사전략은 공격성을 강하게 띠고 있다. 방어는 단지 역량이 부족할 때 취하는 태세로 본다. 즉, 방어는 자기보전을 위한 것일 뿐인 데 비해 공격은 적군을 물리치고 세력을 확대하고자 하는 것이다. 그러므로 손자의 전략은 다소 약육강식의 의미를 갖고 있다. 전쟁의 정의正義의 측면에서 말한다면 손자는 이것을 별로 고려하지 않는다고 볼 수 있다.

손자에 비해 묵자의 군사전략은 방어성의 전략이다. '비공지전 이약승강非攻止戰 以弱勝强' 8자로 묵자의 군사사상을 요약할 수 있다. '비공'에서 전쟁방지의 이론이 나온다. 전쟁방지는 적군이 침략전쟁을 획책하는 것을 제지하는 것이다.

각국의 평화와 안전을 위하여 전쟁이 발발할 씨앗을 제거한다. '지초공송止楚攻宋', '지제공로止齊攻魯' 등이 묵자가 이루어낸 전쟁방지의 예이다. 이것을 보면 묵자가 손자에 비해 정의감이 강하다고 볼 수 있다.

　② 손자는 적의 충실한 곳을 피해 허술한 곳을 공격해야 한다고 주장하는 데 비해, 묵자는 약한 쪽을 도와 강한 쪽을 공격해야 함을 주장한다. 손자는 "무릇 군사의 형形은 물의 형상과 같다. 물은 원래 높은 곳을 피해서 낮은 곳으로 흐른다. 군사 또한 적의 병력이 충실한 곳을 피하고 허술한 곳을 공격해야 한다"「손자」, 허실虛實고 말한다. 손자는 실력이 강대한 적군과의 교전을 피하고, 적과 접전하게 되었을 때는 적의 허약한 부위를 먼저 공격하라고 말한다. 『묵자』「비성문」편에는 금골회가 묵자에게 묻기를 "지금 세상에 전쟁이 일어나 대국은 소국을 공격하고 강국은 약소국을 빼앗고 있습니다. 저는 소국을 지키고 싶은데 어떻게 하면 되겠습니까?"하고 물은 대목이 있다. 묵가가 당면했던 문제는 소국과 약국을 지켜주는 것이었다. 그러므로 묵가의 전략은 약한 것으로 강한 것을 이기는 것이다. 대국의 침략에 대해서는 일

체의 국방역량을 동원해야 한다. 여기에는 정치, 경제, 군사, 외교 등 각종 역량도 포함된다. 거기다 최신형의 방어무기도 제작해야 한다. 손자는 또 "전투를 하는 방법은 아군의 병력이 적병의 열 배이면 적을 포위하고, 다섯 배이면 적을 공격하고, 두 배이면 적을 양면에서 협공한다. 아군과 적병의 수가 비슷하면 대전할 수 있고, 아군의 병력이 적으면 적을 잘 방어해야 하며, 병력이 훨씬 모자라면 적병을 피해야 한다"「손자」, 모공謀攻고 말한다. 여기서 손자가 주장하는 것은 우세한 병력을 집중하여 적군을 철저히 소탕하는 것이다. 만약 자기들의 병력이 적군보다 적을 때는 방어만 하든지 아예 싸움을 피해야 한다는 것이다. 이것은 묵가의 '일당십—當十'의 작전과 완전히 다른 것이다. 요컨대 손자의 방침은 이강격약以强擊弱이고 묵자의 방침은 이약승강以弱勝强이다.

③ 손자가 주장하는 최상의 전술은 적의 계책을 좌절시키는 것인 데 비해, 묵자는 비공지전非攻止戰을 실천하는 것이다. 손자는 "백 번 싸워 백 번 이긴다는 것은 최상의 방법이 아니다. 싸우지 않고도 적병을 굴복시키는 것이 최상의 방법이다. 그러므로 적과 싸울 때 취해야 할 최상의 전술은 적

의 계책을 좌절시키는 것이다. 그다음의 전술은 적의 외교 관계를 단절시켜 적을 고립시키는 것이다. 그다음의 전술은 적병과 대등한 조건 아래 교전하는 것이다. 가장 서툰 전술은 성을 공격하는 것이다"「손자」, 모공라고 말한다. 이것은 손자의 공격전략의 체계이다. 묵자의 전쟁방지 사례로는 '지초공송止楚攻宋', '지제공로止齊攻魯', '지로공정止魯攻鄭' 등이 있는데 이러한 활동은 모두 공격의 계책을 좌절시키는 것이다. 묵자의 전쟁방지는 그 계책과 용감성과 지혜를 드러내는 것뿐만 아니라 그 정의감과 웅변능력을 드러내고 전쟁준비가 튼튼함을 나타내는 것이다. 묵자는 또 전쟁이 일어나기 전의 외교활동을 중시한다. 묵자는 폭넓은 통일전선을 결성하여 적군을 철저하게 고립시키고 마지막으로 적군이 만들어 놓은 전제조건을 타격하는 것이다. 요컨대 전쟁의 기미가 보일 때 손자는 그 계책을 좌절시키는 것을 중시하고 묵자는 전쟁방지에 중점을 둔다.

④ 손자와 묵자는 모두 신전愼戰과 속결전을 제창한다. 손자는 전쟁은 나라의 대사로서 생사의 마당이 되며 존망의 갈림길이 되므로 신중히 고려해야 함을 강조한다「손자」, 시계始

計. 그는 또 군대를 움직이려면 전차 천 대와 수송차 천 대가 필요하며 나라 안팎에 쓰이는 비용이 하루에 천금이 된다고 한다. 그런데 전쟁을 너무 오래 끌면 어떻게 되겠는가? 그러므로 손자는 전쟁은 전략이 졸렬하다 할지라도 단기전으로 신속해야 한다고 말한다「손자」, 작전. 묵자는 전쟁이란 이긴다 하더라도 얻는 것보다 잃는 것이 더 많기 때문에 비공非攻과 지전止戰을 하는 동시에 신중해야 한다는 것이다. 겨울은 춥고 여름은 더워서 전쟁을 일으키지 못하고 봄과 가을에 하게 되는데 이때는 농사철이라 농사를 망치게 된다. 또 부대가 후퇴할 때는 물론이고 진격할 때도 사상자가 이루 헤아릴 수 없을 정도로 많이 생긴다「묵자」, 비공중. 전쟁은 막대한 피해가 있기 때문에 미리 방지해야 한다는 것은 신전을 말하는 것이다. 묵자는 또 "성을 지키는 사람은 재빨리 적을 쳐부수는 것이 상책이다. 만약 수비하는 날을 늘리고 오래도록 버티어 구원부대가 올 때까지 기다리는 것은 수비에 밝은 사람이 아니다. 이러한 원칙을 알게 되면 성을 지킬 수 있다"「묵자」, 호령고 한다. 묵자는 성을 방어하는 병사는 신속하게 적병을 물리치든가 살상하는 것이 상책이라는 것이다.

⑤ 손자와 묵가의 무기와 장비를 비교해 보면 묵가의 무기 및 장비가 더 앞서 있다. 『손자』에는 전차戰車, 전마戰馬, 갑옷, 화살, 돌쇠뇌, 창, 방패, 화물수레 등의 무기와 장비가 보인다. 또 「모공」편에서는 "성을 공격하려면 큰 방패와 공성용攻城用 전차를 수리하고 여러 가지 기구를 갖추는 데 3개월이 걸리고, 성벽과 같은 높이로 흙담을 쌓아올리는 데 또 3개월이 걸린다"고 한다. 여기서는 큰 방패와 소가죽으로 덮어씌운 4륜차를 볼 수 있고 성을 공격하기 위해 쌓아올린 토산土山도 보인다. 손자는 불을 이용한 공격을 주장한다. 그는 「화공火攻」편을 따로 써서 다섯 가지의 화공을 말한다. 즉, 사람을 불태우는 것, 군수품을 불태우는 것, 수송차를 불태우는 것, 저장소를 불태우는 것, 적의 진영이나 부대를 불태우는 것을 작전상의 필요에 따라 해야 하므로 방화용 재료와 기기를 갖추어야 한다고 말한다. 앞에서 우리는 세계적으로 그 우수성을 인정받은 연노거, 전사기, 자거 등 묵가의 군사무기와 장비에 대해 살펴본 바 있다. 『묵자』의 책에 나오는 수많은 무기와 『손자』의 책에 나오는 무기들을 비교해 보면 묵가가 사용한 무기들이 손자의 것에 비해 그

종류가 훨씬 풍부하고 그 위력도 더 센 것으로 볼 수 있다.

⑥ 손자와 묵가의 군사변증법사상을 보면 손자가 더 변증법에 투철했던 것으로 보인다. 손자의 군사사상은 『주역』의 변증법을 계승하여 간단명료하고 효과적으로 서술되어 있다.

손자는 이렇게 말한다. "전쟁이란 적을 속이는 행위이다. 그러므로 능력이 있는데도 무능한 것처럼 보이고, 사용할 것인데도 사용하지 않을 것처럼 보이며, 가까운 곳에 있으면서도 먼 곳에 있는 것처럼 보인다"『손자』, 시계. 이것을 보면 손자가 이미 변증법을 활용했음을 알 수 있다. 손자는 또 "적과 대적하여 싸울 때는 정규작전으로 하며, 적을 격파할 때는 기습작전으로 비정규전을 치른다. 정규전과 비정규전을 잘 활용하는 군대의 전법은 하늘과 땅과 같이 그 변화가 무궁무진하며, 강이나 바다와 같이 다함이 없다"『손자』, 병세兵勢고 말한다. 손자는 이미 비정규전과 정규전 간의 변증관계를 군사전략의 근본으로 삼았던 것이다.

묵자 역시 변증법적 사유를 활용했음을 볼 수 있다. 그가 "안전할 때는 적에게 위태로운 듯이 보이고, 위태로울 때는 안전한 듯이 보이도록 하여야 한다"『묵자』, 잡수고 말한 것이나

"땅굴의 사정이 급박할 때는 재빨리 그 근처에 있는 자들을 가서 돕도록 하고, 그 나머지 사람들은 적군의 처소를 기습하도록 한다"「묵자」, 잡수고 말한 것이 그것이다. 이 외에도 묵자는 '지키는 것守'이나 '치는 것攻'의 관계를 변증법적으로 활용하고 있다. 요컨대 손자와 묵가의 군사변증법사상은 둘다 비교적 풍부한 편이나 그래도 손자가 더욱 투철한 것으로 보인다.

이상과 같이 개략적이나마 손자의 병법과 묵가의 군사사상을 비교해 보면, 전쟁에 신중할 것과 속결전을 주장하며 변증법적 사유를 활용하고 있는 것은 둘이 상통한다. 그러나 묵가가 신무기 개발에 더욱 많은 업적을 남긴 것을 볼 수 있다. 묵가와 손자병법의 군사사상의 큰 차이는 손자가 공격적인 군사전략을 위주로 기술한 데 비해 묵가는 방어성의 군사전략을 수립한 것이다.